SEULS LES VIVANTS CRÉENT LE MONDE

DU MÊME AUTEUR
Aux Éditions Robert Laffont

Le Joueur d'échecs, traduit de l'allemand par Françoise Wuilmart, collection « Pavillons Poche », 2018

La Peur, traduit de l'allemand par Jörg Stickan et Sacha Zilberfarb, collection « Pavillons Poche », 2018

Lettre d'une inconnue, suivi de *Trois nouvelles de jeunesse*, traduit de l'allemand par Pierre Deshusses et Tatjana Marwinski, collection « Pavillons Poche », 2016

La Confusion des sentiments et autres récits, ouvrage dirigé par Pierre Deshusses, collection « Bouquins », 2013

STEFAN ZWEIG

SEULS LES VIVANTS CRÉENT LE MONDE

Traduit de l'allemand par David Sanson

Édition établie et présentée
par Bertrand Dermoncourt

Robert
Laffont

Ouvrage édité par Jean-Luc Barré

ISBN 978-2-221-22150-1
Dépôt légal : septembre 2018
N° d'éditeur : 58242/03

INTRODUCTION

Stefan Zweig et la guerre de 1914-1918

Le combat inachevé d'un Européen

La popularité planétaire de Stefan Zweig ne cesse d'étonner. Nul ne contestera son talent de conteur, ni la finesse psychologique de ses récits. Mais ce succès jamais vraiment démenti s'explique aussi par le regard que l'écrivain a porté sur l'Europe. Ne l'a-t-il pas vue s'éteindre sous ses yeux ? Ses nombreuses fictions ou son autobiographie, *Le Monde d'hier*[1], qui ont fait sa gloire posthume, ne sont-elles pas avant tout des œuvres de nostalgie ? Ne possèdent-elles pas la saveur bien disparue – et en partie imaginaire – de l'Empire austro-hongrois ? Pour nombre de lecteurs, Zweig est en effet « ce citoyen bien élevé, affable, attentif aux formes, écrivant tout d'une plume appliquée, gardant vivante dans la plupart de ses nouvelles la mémoire d'un monde magnifié par la catastrophe de celui qui l'a brutalement aboli et supplanté[2] ». On le devine sensible, attentif, mélancolique et

1. Les notes sont rassemblées en fin d'ouvrage.

passionné, capable de fantaisie et d'aventure, mystérieusement intelligent, secret, parfois même inquiétant. On aime l'aimer. On le voit résister, à sa manière, plutôt passive, aux aléas du temps. Sa clarté et sa douceur consolent. Il nous apparaît « comme par essence rétif aux révolutions, résistant aux ruptures, aux dépassements, à la négativité – mais il les perçoit et les donne à percevoir dans ses livres ».

Tout cela, nous le savons ou croyons le savoir depuis que, dans les années 1980, Stefan Zweig est revenu sur le devant de la scène littéraire. Une intégrale de son œuvre a paru en Allemagne. La France a continué à la traduire, elle a publié plusieurs biographies. La « Bibliothèque de la Pléiade » et la collection « Bouquins » l'ont consacré. Tout cela a contribué à former un mythe : Zweig est devenu le symbole de la guerre civile européenne de la première moitié du XXe siècle. Et on s'est aperçu que « les événements de sa vie personnelle coïncident avec les dates charnières d'un siècle tristement mémorable ; il a vingt ans ou presque en 1900, il assiste en témoin à la Première Guerre mondiale, ses livres sont jetés sur les bûchers dès 1933, on lui interdit de publier en Allemagne puis en Autriche, et il partage, sans la déportation ni l'extermination, mais dans l'exil, l'existence persécutée des juifs d'Europe[3] ». Ses livres projettent sur ce monde stupéfiant l'effarement d'un témoin déboussolé.

Et pourtant ! Les histoires de Vienne, cette Babel moderne, ne lui laissent qu'une petite place, quand elles ne l'ignorent pas, tout simplement[4]. Zweig s'est-il montré trop distant avec l'histoire ? Certes, il n'écrit pas avec la rage d'un Karl Kraus. Publier des pamphlets, dénoncer ou prophétiser n'était pas dans sa nature. A-t-il eu trop de succès ? Les clercs l'ont toujours, pour cette raison, dédaigné. Hannah Arendt[5], entre autres, lui a reproché son « idolâtrie du génie » et sa recherche de la gloire facile. Pas évident d'être le contemporain de Rilke, Kafka ou Musil, sans parler d'Arthur Schnitzler, Joseph Roth ou Hermann Broch ! « Les intellectuels de gauche, expliquent les éditeurs de Stefan Zweig au Livre de poche, n'ont jamais beaucoup aimé celui qu'ils considéraient comme un humaniste abstrait, bien qu'antifasciste, et les esthètes de droite n'ont jamais pardonné la fortune, la facilité et les succès largement populaires de cet héritier comblé, bien qu'il fût un très raffiné et très savant collectionneur, en même temps qu'un hôte princier dans son aristocratique demeure de Kapuzinerberg, sur les hauteurs de Salzbourg, dès avant les débuts du célèbre festival[6]. » Mal aimé, Zweig, ou plutôt incompris ?

Les textes réunis ici, articles, manifestes et reportages, devraient contribuer à mieux faire connaître son évolution à un moment clé de l'histoire et de sa vie. On découvrira que ses positions pendant la Grande Guerre sont mouvantes, complexes, sinon contradictoires : elles ont changé l'homme et transformé l'artiste, lui donnant une épaisseur qu'il n'avait pas.

Dans sa jeunesse, Zweig, né à Vienne en 1881, apparaît comme un « homme du loisir[7] », vivant au rythme des réceptions et des voyages. Il connaît

« le calendrier aristocratique des paysages européens, les lumières d'Italie, les automnes tyroliens, les étés dans les îles bretonnes ; il entreprend de longs périples aux États-Unis ou en Inde », pour cultiver son « sentiment cosmopolite » et délivrer son œuvre future du « parfum de l'humus ». À ses débuts, il reste un littérateur un peu subalterne « qui s'épuise à nourrir ces usines à textes que sont les pages culturelles des grands journaux ». Avant qu'il n'envisage de vivre de sa plume et d'assumer sa qualité d'écrivain comme un véritable métier, Zweig publie essentiellement des recensions dans la presse. Sa correspondance atteste qu'il se sent alors investi d'une mission de pédagogue. Encore à la recherche d'un modèle plus élevé, il est loin d'être l'écrivain surdoué et doté de cette « conscience morale européenne » que la postérité a retenu.

Lorsque l'Autriche-Hongrie déclare la guerre à la Serbie, le 28 juillet 1914, Stefan Zweig se trouve au Coq-sur-Mer, entre Ostende et Blankenberge en Belgique. Il ne croit pas au conflit. Dans ses Mémoires, *Le Monde d'hier*, il se souvient avoir ironisé sur les préparatifs de guerre belges… Il voit pourtant s'accumuler « les mauvaises nouvelles », « de plus en plus alarmantes », colportées par les journaux. Mais il lui paraît « totalement absurde, au moment où des milliers et des dizaines de milliers d'Allemands détendus et joyeux jouissaient ici de l'hospitalité de ce petit pays neutre, qu'une armée prête à l'envahir se tînt à la frontière ». Viennent ensuite les jours « critiques », où, à chaque heure, une nouvelle information en dément une autre. « On sentait que la situation devenait sérieuse, explique-t-il dans *Le Monde d'hier*. D'un seul coup, le vent froid de l'angoisse souffla sur la plage, la balaya et la vida. Par milliers, les Allemands quittèrent les hôtels, prirent les trains d'assaut, et même les plus crédules commençaient maintenant à plier bagage. Moi aussi je m'assurai un billet dès que j'appris la nouvelle de la déclaration de guerre de l'Autriche à la Serbie, et il n'était que temps. » En effet, Zweig emprunte le dernier train partant de la Belgique pour l'Allemagne. En chemin il perçoit l'avancée de l'armée allemande, et « pas de doute, la monstruosité était en marche, l'invasion de la Belgique [...], contre tous les principes du droit international ». À son arrivée en Autriche, Zweig aperçoit les affiches annonçant la mobilisation générale. « Des cortèges se formaient dans les rues, note-t-il encore, partout s'agitaient des drapeaux, des rubans, des musiques retentissantes, les jeunes recrues défilaient triomphalement, le visage illuminé parce qu'on les acclamait, eux les petites gens de la vie quotidienne que personne n'avait jamais remarquées ni fêtées. »

Vingt-cinq ans après les événements (*Le Monde d'hier* est écrit en 1940-1941), Zweig se sent obligé, dans ces *Souvenirs d'un Européen*, « d'avouer qu'il y avait quelque chose de grandiose, d'entraînant et même de séduisant dans cet éveil des masses, et qu'on avait du mal à s'y soustraire ». Il ressent bien les instincts obscurs que Freud « dans sa clairvoyance » appelle « le dégoût de la civilisation[8] », ce besoin de laisser «libre cours aux instincts les plus primitifs». Mais c'est pour ajouter aussitôt : «Malgré toute ma haine et mon horreur de la guerre, je ne voudrais pas me priver dans ma vie du souvenir de ces premières journées : jamais ces milliers et ces centaines de milliers d'hommes n'avaient ainsi ressenti ce qu'ils auraient mieux fait de ressentir en temps de paix : la certitude d'appartenir à la même communauté.» Un bref instant, il fut donné «un élan furieux et presque irrésistible au plus grand crime de notre époque». Zweig écrit cela avant de mourir, sur la foi de sa mémoire et à la lumière des événements tragiques (son exil, la Seconde Guerre mondiale) qui sont advenus. Ayant été contraint de fuir l'Autriche et les persécutions nazies, puis l'Angleterre, il s'est réfugié au Brésil. C'est de là-bas qu'il poste à son éditeur le manuscrit de son autobiographie, dactylographié par sa femme, la veille de leur suicide en février 1942. Le livre paraît en 1944.

Zweig y parle encore de cette «ivresse sauvage» dont on trouve trace dans le premier texte que nous présentons ici, «Retour en Autriche». À chaud, le 1er août 1914, dans la *Neue Freie Presse* (l'ancêtre de l'actuelle *Die Presse*) de Vienne, le journal progressiste auquel il collabore depuis 1901, il livre des impressions qu'il retrouvera intactes dans *Le Monde d'hier*. Le voyage depuis la Belgique est long et incertain. À Nuremberg, il «salue l'antique cité» : il est emporté par un élan patriotique. Il sent, à travers les villes allemandes, «le vaste pays fertile, la force et la résolution de la nation, et l'on respire l'apaisement.

Car cela, on en a la certitude, est indestructible et invincible, rien ne peut entamer la solidité qui étaye cet appareil d'airain[9] ». Dans un autre article de la *Neue Freie Presse*, paru quelques jours plus tard, et que nous reprenons ici à la suite du « Retour en Autriche », « Un mot de l'Allemagne », il exprime sa « grande et saine confiance[10] » dans le voisin de l'Autriche.

Selon son biographe Serge Niémetz, « il réagit en Allemand » plutôt qu'en Autrichien sujet de la double monarchie… « Ce patriotisme allemand, explique Niémetz, fondé sur l'universalité de la culture allemande des Lumières, se trouve largement répandu chez les intellectuels juifs autrichiens quelle que soit leur génération, et l'on en trouve la marque, au début de la guerre, aussi bien chez Freud que chez Schnitzler[11]. » Au moment où la guerre éclate, Zweig semble découvrir tout à coup les liens qui le rattachent à l'Allemagne et à l'Autriche. Il comprend soudain les contradictions qui opposent son identité juive et son patriotisme. Il mesure aussi les limites de ses amitiés d'écrivain cosmopolite…

Dans « Retour en Autriche », il se laisse aller à une forme de lyrisme étonnante chez lui. Aussi décrit-il ses premières impressions dans la capitale de l'Empire : « Pour rien au monde je ne voudrais avoir manqué le spectacle de cette ville à la gaieté proverbiale gagnée, en cette heure grave, par une dignité nouvelle, noble, par un silence plus harmonieux que ne l'est habituellement sa musique, et par un calme méditatif qui m'est apparu plus précieux que la joyeuse effervescence qu'on lui connaît. Jamais elle ne m'a semblé plus digne d'amour, et je suis heureux d'avoir pu, en cette heure précisément, la retrouver.» Peu après son retour à Vienne, Zweig note dans son journal, par une nuit d'insomnie : «Mon angoisse pour l'Allemagne est indicible – l'Autriche, nos biens, le danger que je cours comptent peu à côté[12].» Il recense, jour après jour, les victoires allemandes comme autant de soulagements. Son article «Le monde sans sommeil[13]» rend compte de cet état d'esprit.

Il s'engage comme volontaire et doit faire ses classes à Klosterneuburg au moment où la bataille de France débute. On la croit alors brève, même si, dès octobre, Zweig note dans son journal que «les choses avancent peu». Lui qui revendiquait une pensée humaniste sans faille semble, confronté à la réalité de la guerre, abdiquer. Il est, comme bien d'autres, emportés par le déferlement des passions et par un élan patriotique quasi mystique que l'on retrouve dans son exhortation «Aux amis de l'étranger[14]», parue dans la *Berliner Tageblatt* le 19 septembre 1914, et que l'on publie ici à la suite du «Monde sans sommeil».

L'Européen d'hier dit adieu à ses compagnons de tant d'heures fraternelles en France, en Belgique et jusqu'en Angleterre : «Vous m'êtes lointains ces jours-ci, écrit-il, vous m'êtes étrangers, et aucune langue, ni la nôtre, ni la vôtre, ne saurait entre nous réduire la distance et restaurer la confiance. [...] Notre amitié est vaine tant que nos peuples sont en armes, mais elle sera deux fois plus précieuse au terme de leur grande lutte.» Son grand ami français Romain

Rolland, qui vient de publier son fameux article pacifiste, «Au-dessus de la mêlée», lui répond dans une courte lettre : «Je suis plus fidèle que vous à notre Europe, cher Stefan Zweig, et je ne dis adieu à aucun de mes amis[15].» Il est à noter que les échanges entre eux restent très nombreux malgré les divergences de vues et les aléas de la guerre (notamment la censure, qui oblige Zweig à écrire en allemand et non plus en français à son correspondant) : les deux écrivains échangent plus de cent lettres en un an seulement! Ces documents nous éclairent, tout comme les textes de ce volume, sur l'état d'esprit et l'évolution de la pensée de Zweig.

Il choisit d'abord de ne plus écrire et souhaite plutôt agir : réformé, il ne peut être envoyé au front comme il l'aurait souhaité afin d'échapper à sa condition privilégiée d'homme de lettres. Il vit au rythme des nouvelles du front, du ralliement d'anciens amis au bellicisme, comme Émile Verhaeren, des polémiques sur les «dégâts collatéraux» commis par les armées en campagne. Tout cela est de nature à le plonger, au fil des événements, dans un profond scepticisme. «Ce sont des jours d'épreuve, lui écrit Romain Rolland de Genève le 12 novembre 1914, ce sont des temps héroïques pour les hommes comme nous. Que deviendra le monde après qu'auront passé ces cyclones de haine? Que restera-t-il de notre Europe? Je ne sais en dehors de nous. Mais je sais qu'il restera nous, et qu'il s'agit de sauver, en nous, l'esprit européen – ce n'est pas assez dire –, l'esprit universel[16].» Au fil de ses échanges avec le Prix Nobel de littérature 1915, Zweig s'accorde avec lui sur les « valeurs humaines, le refus de la haine, la barbarie, le mensonge ». Étape par étape, l'éthique sans faille de l'écrivain français pousse Zweig à le suivre dans la voie du pacifisme et de la fraternité. Mais, pendant quelque temps, note son biographe Donald Prater, « la contradiction entre son pacifisme privé et son attitude publique demeure irrésolue[17]... ».

Fin 1914, il a été affecté au service littéraire de l'armée et envoyé dans les bureaux des archives du ministère autrichien de la Guerre à Vienne. Dans son journal, il constate une « stagnation des sentiments » qui l'inquiète. Malgré les attaques de la presse chauvine, tant du côté français que du côté allemand, il traduit pour la *Neue Freie Presse* un nouveau texte pacifiste de Romain Rolland, « Notre prochain, l'ennemi ». Zweig dédie cet essai à la mémoire du compositeur Gustav Mahler, ce qui fait dire à Romain Rolland : « Vous êtes bien ce vaste et généreux esprit européen, dont notre époque a besoin. » En avait-il douté ? Zweig commence au printemps de 1915 à écrire *Jérémie*, une œuvre de théâtre consacrée au prophète, inspirée par les idées de son ami français, une pièce qui ne sera créée à Zurich qu'en 1918.

Pour le moment il est toujours à Vienne et se sent désœuvré. Il a peur de se replier totalement sur lui-même. Dans son journal, il constate la « non-existence apparente de la guerre dans notre monde extérieur et intérieur, cet oubli chez tous ceux qui n'y prennent pas une part active ». Il déprime. Afin de briser son triste « train-train quotidien », il poursuit sa collaboration avec les journaux. Toujours pour la *Neue Freie Presse* de Vienne, Zweig fait paraître, le 4 avril 1915, une nouvelle réflexion, « Pourquoi la Belgique, pourquoi pas la Pologne ? Une question aux pays neutres[18] », que nous publions dans ce volume. Rarement commenté, ce texte un peu redondant et emphatique est cependant précieux pour saisir le processus de conversion de l'écrivain au pacifisme – d'autant plus qu'il prend en compte, pour la première fois, le problème des juifs de Pologne… Zweig y développe son idée de la compassion « à deux vitesses » ou de « l'indignation sélective ». Elle annonce d'ailleurs *La Pitié dangereuse*, cette histoire de « fausse compassion », thème central de son unique roman qui se passe, bien qu'écrit en 1939, à la veille de la Première Guerre mondiale[19].

Quelle est donc cette « question » posée par Zweig aux pays neutres ? Comparant la Belgique et la Pologne, il souligne « l'épouvantable sort d'être pris au milieu de l'effroyable collision de deux armées millionnaires. C'est [la Pologne] le pays martyr des temps nouveaux, crucifié depuis des siècles sur la croix de la souffrance et pourtant vivant, le corps déchiré et l'âme embrasée, en dépit de toutes les blessures et de tous les supplices. La colonne vertébrale de son indépendance a été brisée, on l'a mis à genoux, mais rien n'a pu briser sa foi en la renaissance et la grandeur future. Et ses dix millions d'habitants, déchirés entre trois pays, sont aujourd'hui, à cette heure, de nouveau unis, par leur volonté, par leur destinée et surtout : par leur calvaire ». Zweig conclut son texte sur les notions d'« empathie » et de « bonté ». Face à tous ces intellectuels qui n'opposent aucune résistance au flot des propagandes nationalistes, et s'emploient même à le grossir, « il éprouve l'inconsistance d'une activité littéraire qui avait jusque-là représenté pour lui la valeur suprême[20] ».

C'est dans ce contexte qu'il faut situer son voyage en Galicie de juillet 1915. Le but est de recueillir pour les archives militaires les originaux de toutes les proclamations et affiches russes qu'il pourra trouver dans les anciens territoires occupés. Quelques mois seulement après le long plaidoyer en faveur de la Pologne, voilà Zweig *de facto* sur les routes de l'Europe de l'Est, aux confins nord-est de l'Empire. Là, sur le front, où l'armée russe vient de se retirer, l'adjudant Zweig constate les horreurs « réelles » de la guerre. Parti de la gare nord de Vienne le 14 juillet, il arrive à Auschwitz le lendemain et passe une dizaine de jours en Galicie. Il découvre les terribles destructions, destructions tant matérielles qu'humaines[21]. La mission fournit aussi au juif assimilé l'occasion de découvrir l'indicible misère du ghetto de Tarnow... Zweig est de retour à Vienne le 26 juillet et rédige plusieurs articles destinés à la *Neue Freie Presse* (notamment « Convalescence de la Galicie[22] »), puis – nous le reproduisons également ici – « Les jours de l'offensive allemande en Galicie[23] », paru à l'origine dans *Kriegszeitung der 4. Armee*, à Stuttgart, le 1er octobre 1915. Zweig y célèbre le recul russe. Il ne peut évidemment pas savoir que ce recul n'est que provisoire ni que la guerre durera encore trois longues années.

L'optimisme obligé de ces différents reportages officiels contraste avec le ton beaucoup plus sombre de son journal qui rend compte, au jour le jour, du voyage en Galicie et des souffrances « indescriptibles » (le mot revient à plusieurs reprises) causées par la guerre. À partir de ce moment, Zweig a choisi son camp : le pacifisme, auquel il ne renoncera plus jamais[24].

En novembre 1917, enfin débarrassé de l'uniforme, Stefan Zweig a l'occasion de séjourner en Suisse. Il y rejoint Romain Rolland et ses amis, décidé à développer une commune pensée « internationaliste » et à dénoncer les mensonges au service la guerre. Il prend peu à peu le rôle de « guide spirituel[25] » pour l'Europe, en signant des articles, des manifestes, des lettres ouvertes et des critiques[26] où il cherche à résister au « bourrage de crâne » qui s'exerce sans relâche sur les consciences individuelles. Son ironie est parfois féroce, comme dans cet étonnant exercice de style qu'est « Chez les insouciants[27] », description glaçante d'une certaine société, qui trouvera une résonance particulière pour le lecteur d'aujourd'hui : un siècle après, la frivolité décrite par Zweig règne toujours en maître, en Europe et ailleurs…

Parmi ses textes militants, l'« Éloge du défaitisme[28] » est incontestablement l'un des plus saisissants. Zweig, dans son pacifisme, va désormais plus loin que Romain Rolland. Il attend de la défaite la résurrection de l'esprit et de l'Europe. « Nous sommes des défaitistes, affirme-t-il sans ambages : c'est-à-dire que nous ne voulons ni victoire, ni défaite, nous sommes les ennemis de la victoire et les amis de l'abdication. [...] Nous sommes des défaitistes : c'est-à-dire que la politique n'est pas pour nous la première, mais la dernière des priorités, que la souffrance des hommes a plus d'importance que l'essor commercial des nations et que les froids monuments de la gloire. Nous sommes des défaitistes : c'est-à-dire que vos jours de gloire sont pour nous la gangrène de l'histoire humaine.» Cette profession de foi suscite pas mal de réserves, notamment parce que Zweig y fustige un aveuglement des intellectuels dont il a lui-même été longtemps victime. Romain Rolland ne cautionne pas cet article : dans une lettre du 31 juillet, Zweig lui promet un texte plus modéré qui sera, écrit-il, «son dernier mot[29]» : ce sera «La dévaluation des idées[30]».

Avant l'armistice signé le 11 novembre 1918, Zweig affine encore ses convictions. Il répond à un article d'Alfred H. Fried, le journaliste autrichien Prix Nobel de la paix 1911, intitulé «Le méridien de la raison». En se plaçant sous le parrainage de Jean-Jacques Rousseau («Le sang d'un seul homme est d'un plus grand prix que la liberté du genre humain»), Zweig écrit à nouveau qu'il assume l'étiquette de «défaitiste», que notre raison ne saurait être infaillible, et qu'il importe d'être «méfiant envers les idées», qu'aucune idée ne vaut qu'on lui sacrifie sa vie, que les idées ne font que changer de forme («De l'esclavage, la violence a lentement gagné le capitalisme et lorsque le capitalisme sera détruit, elle se sauvera sous une autre forme...»). Zweig conclut cette profession de foi

(« Seuls les vivants créent le monde ») en affirmant que « chaque être a un droit suprême sur sa vie : le droit de la préserver de sa conviction et le droit de la sacrifier à sa conviction ».

La fin de la guerre trouve l'Europe exsangue. Romain Rolland oppose à la dévastation et à l'épuisement sa « Déclaration d'indépendance de l'esprit », dans laquelle il prévoit un rôle actif pour son ami Stefan Zweig. Ce dernier souscrit évidemment à ces principes de tolérance, humanistes et européens. Dans une lettre[31], il semble d'ailleurs tirer les leçons de ce qu'il vient de vivre : « La seule chose que j'aimerais encore dire serait une promesse de ne plus servir aucun mouvement qui pourrait renforcer l'amour-propre collectif d'un pays ou d'une race, de maintenir cette fraternité contre toutes les tentations d'un conflit possible. » Le message est fort, mais la jeune génération reste sourde à ces appels. Elle semble plutôt chercher une rupture avec le passé.

De son côté, Zweig se garde bien d'exercer des responsabilités politiques. Il ne répond pas à l'appel de Rolland. Il se contente, et c'est déjà beaucoup, d'écrire sa biographie[32] et de traduire son œuvre. Il ne s'engage pas davantage sur les « questions sociales », qui lui inspirent au contraire bien des réticences. Après avoir livré dans ses articles et dans sa pièce *Jérémie* une sorte de testament moral, comme un bilan des affrontements, dont les principes (humanisme, pacifisme, internationalisme) allaient guider sa vie, il entend désormais préserver son autonomie d'écrivain. C'est ainsi qu'il faut lire les derniers textes qu'il écrit avant la fin de la guerre, tel « La Suisse, auxiliaire de l'Europe[33] ». Cet éloge de la Croix-Rouge et de la neutralité influencera toute son existence. Malgré (ou à cause de) tous les aléas du temps, Zweig souhaitera se tenir à l'écart de la politique. « Depuis toujours, écrit-il au compositeur Richard Strauss en 1933, [elle] m'a écœuré, et je me défends de toutes mes forces pour ne pas me laisser entraîner malgré moi[34]. » C'est ainsi qu'après la Grande Guerre il se retire à Salzbourg où il écrit les œuvres qui lui valurent la célébrité, telles que *Amok*, *La Confusion des sentiments* ou *Marie-Antoinette*. Dans une Europe en proie aux totalitarismes, Zweig cherche, dans ses récits et ses biographies, à « exalter la vie », afin d'en saisir « le drame de la façon la plus claire et la plus intelligible ». Cachant son scepticisme derrière sa compassion, il continue de délivrer un message humaniste à une époque qui en a plus que jamais besoin. Pour cela, il ne publie plus de déclarations ostensibles dans les journaux. Ses livres parlent pour lui. Son *Érasme*, en 1934, peut par exemple se lire comme une prise de position politique qui fait suite à l'arrivée au pouvoir d'Hitler en Allemagne. En évoquant cette figure marquante de la Renaissance, esprit réformateur épris de tolérance et de dialogue, Zweig dénonce le fanatisme et le nationalisme, incarnés dans son livre par la figure de Luther. À travers le passé, l'auteur du *Monde d'hier* tente donc, à sa manière, de décrypter le présent. Mais même au plus fort des répressions nazies, il se refuse à abandonner son pacifisme, rappelant avec entêtement à ses amis qu'on ne surmonte le mal qu'en « ne lui résistant pas ». Son européanisme reste une attitude individuelle et solitaire. Donald Prater estime que, politiquement, Zweig est avant tout « quiétiste, voyant dans l'internationalisme non pas un programme, mais une somme de liens personnels forgés par l'amitié[35] ». En exil, on ne le verra jamais prendre parti comme Thomas Mann ou Franz Werfel[36].

Le combat de Stefan Zweig reste solitaire. Cela n'empêche pas son inquiétude de croître au fur et à mesure que les tensions montent et que s'efface le rêve, né en 1918, d'une Europe unie. Zweig perçoit bien qu'elle est menacée par le nazisme et que le communisme ne peut être une solution. Rongé par la dépression, Zweig s'est sans doute imposé une souffrance supplémentaire en se refusant à parler et à combattre. Le 16 juin 1940, deux ans avant son suicide, il note dans son journal : « C'est la fin. L'Europe est liquidée, notre monde est anéanti. »

Bertrand Dermoncourt

SEULS LES VIVANTS CRÉENT LE MONDE

Retour en Autriche

1er août 1914

Ostende, la plage et la mer : contre l'alignement blanc des villas vient se blottir l'infiniment bleu, onde et azur. Entre les deux, multicolore, le tourbillon paisible d'une foule délassée, qui va et vient, va et vient pour se voir, s'éprouver dans l'air clair et transparent, pour jouir de tout, l'azur et la mer, le luxe et la beauté, l'opulence et le repos. Mais depuis des jours il n'est plus possible de s'y mêler. La journée tout entière est soudain devenue fiévreuse, que l'on passe à attendre, attendre, jusqu'à ce qu'à midi les journaux arrivent, les nouvelles de Paris, du monde. Ce cri qui monte des rues, d'abord lointain puis tout proche, *Le Matin*, *Le Journal*, *L'Écho de Paris*, comme on déferle à sa rencontre ! À peine a-t-on arraché les feuilles des mains du vendeur que l'orage est déjà loin, cette clameur, longeant la digue, avant que de finir par s'éteindre dans la rumeur des vagues, dans le bruissement de la ville.

1er août 1914

On empoigne le journal, on le feuillette, résistant face au vent, pour saisir les nouvelles. Les nouvelles seulement ! Car dans ces journaux français, il est impossible de lire le reste, cela fait trop mal, ne suscite qu'énervement ou aigreur. Impossible de lire que l'Autriche veut violenter le monde slave, que l'Allemagne, cette brute, a soif de guerre : on ne peut plus lire cela. Cent fois elles nous ont fait sourire, les rodomontades de Paris ou du reste du monde, mais aujourd'hui, en cette heure cruciale, elles deviennent brûlantes, vous embrasent les lèvres, incapables de répondre à la parole imprimée. Tout d'un coup, le français, la langue que l'on a servie au fil des ans par amour et par goût, semble soudain prendre une résonance hostile. On se sent cerné, épié, pris dans un écheveau de contrevérités et de hargne, et l'on sent qu'il n'est qu'une chose qui, désormais, puisse nous délivrer, la fuite, le retour en Autriche. Spontanément l'on éprouve également le besoin d'être au plus près de ce qui agite un pays, de l'éprouver non plus de l'extérieur, du bout des nerfs engourdis par le froid, mais au contraire de l'intérieur, dans la chaleur de son sang, dans son cœur, dans sa capitale.

Les autres ressentent-ils la même chose ? L'appel, à cette heure, résonne-t-il en chacun aussi fortement ? La pesanteur du danger, la pression de la communauté sont-elles pour tous si puissamment impérieuses ? Il semble bien en être ainsi, car en deux ou trois jours, la plage se dépeuple. Dans le bureau des wagons-lits, c'est un tourbillon de gens au milieu des sonneries du téléphone, de la valse des télégrammes. Et à la gare, qu'on est heureux d'atteindre, les bagages s'amoncellent en hautes barricades. Cela se précipite le long des voitures, chacun veut gagner qui l'Allemagne, qui l'Autriche, une masse bruyante et nerveuse se déverse contre la gare, comme si la ville tout entière avait tout à coup décidé de s'épandre dans ces vingt, trente voitures. Le wagon-restaurant, les couloirs sont noirs de gens mais il ne cesse d'en arriver d'autres : même ici, en pays neutre et pacifiste, on a soudain une vision du tragique emportement qui, demain et après-demain, ébranlera peut-être des milliers de villes de l'ancien et du nouveau monde.

Enfin le train part. Mais il emporte l'agitation avec lui. Une fièvre est en chaque voyageur. Ils vont et viennent dans les couloirs comme des animaux en cage, jamais je n'ai vu tant de mouvement dans un train. Des inconnus s'abordent : chacun éprouve un besoin de parler, de se décharger de ses émotions, chacun, sous l'effet inconscient de la fraternité des sentiments, se montre attentionné. Le train file, et pourtant, avec quelle lenteur les gares semblent se succéder ! À chaque arrêt on attend des nouvelles, des journaux, des télégrammes. À chaque ville, quelques impatients filent attraper les nouvelles, les rumeurs vont bon train – nul ne sait comment elles ont pu pénétrer dans ces wagons lancés à toute allure – la Russie a déclaré la guerre. Et l'instant d'après, ça n'est déjà plus vrai, mais la fièvre brûle, brûle et brûle encore, la date du jour est inscrite dans le sang de chacun en lettres de feu.

Enfin Herbesthal, la frontière allemande. Le train s'arrête devant la gare dans la nuit noire, que seul transperce l'éclat de nombreuses lumières rouges clignotantes, il stationne quinze, trente minutes. Et cet événement pourtant négligeable suffit à lui seul pour déclencher mille conjectures, de mobilisation allemande, de déviations ferroviaires. Le cerveau est tellement rempli de toutes ces spéculations que la moindre sollicitation suffit à leur donner la puissance d'images, il est si saturé de mauvais rêves qu'un souffle de réalité suffit à l'embraser et à enflammer le sang.

Mais voici que le train repart et franchit la frontière, silencieusement et paisiblement. De sentir ainsi l'Allemagne, on éprouve un profond soulagement. À présent on peut aller dormir, se reposer, chercher à oublier toutes ces questions auxquelles le destin ne donnera pas de réponse avant des jours ; on peut se reposer : on est en Allemagne. Et pourtant : c'est toujours la même pensée qui de bon matin vous réveille en sursaut : les nouvelles, où sont les nouvelles ? Il est ridicule, on le sait bien, d'attendre ainsi de chaque heure nouvelle du neuf et du véridique, mais il faut qu'on lise quelque chose sur-le-champ, de rassurant ou de sensationnel, simplement lire, voir quelque chose s'agiter en lettres noires devant nos yeux, de quoi alimenter à nouveau son agitation, du charbon pour le brasier. Si seulement une nouvelle gare pouvait arriver, avec des gens, avec des paroles, n'importe quelle drogue contre cette incertitude, la pire incertitude que, tous, nous avons vécue au cours de toutes ces années : va-t-elle éclater, cette guerre, la plus grande que le monde moderne ait connue ? Non, on n'a pas honte de cette impatience, jamais, on le sait à présent, elle n'a été tournée vers un but plus grand qu'aujourd'hui, et bien sot et méprisable serait celui qui, en ces heures, en ces journées – qui s'inscriront peut-être en lettres de feu dans l'histoire du monde – ne frémirait pas jusqu'à la racine la plus profonde de son être.

Enfin Nuremberg : dès l'entrée dans la ville on salue l'antique cité, l'inébranlable gardienne de ce qui fait l'Allemagne. Et en voyant à présent luire les maisons, claires, fortes et pures, les usines fièrement affairées, l'ordre souverain qui organise les voies ferrées et les immeubles, on est de nouveau allègrement envahi – comme si souvent – du sentiment de la puissance allemande. Et l'on sent à travers elle toutes les villes allemandes, tout le vaste pays fertile, la force et la résolution de la nation, et l'on respire l'apaisement. Car ceci, on en a la certitude, est indestructible et invincible, rien ne peut entamer la solidité qui étaye cet appareil d'airain.

Et pourtant : on s'impatiente déjà d'atteindre l'ultime frontière, l'Autriche. Ratisbonne passe à toute allure – trop lentement à notre goût –, et enfin c'est Passau qui nous salue, si joliment entourée par l'Inn et le Danube, les fleuves de l'Autriche. Rien n'indique la guerre, et le cœur se soulèverait presque pour goûter la joie que procurent ces ravissants paysages. Arrive Wels – un conducteur nous apprend la nouvelle : la mobilisation générale est décrétée, et à Linz, nous voyons déjà les premiers réservistes, graves et calmes. Le train semble avancer de plus en plus lentement, alors qu'il file sur ses roues brûlantes, on aimerait pouvoir déjà apercevoir Vienne, la capitale, et entendre son cœur à l'heure qu'il est. Dehors s'étend la ravissante campagne. Depuis leurs collines, les forêts s'inclinent familièrement jusqu'à la voie ferrée, et dans les champs les gerbes en meules disent tout le cœur mis à l'ouvrage ; mais partout règnent le silence, et un éclat dominical, et là, derrière la vitre teintée de suie, on ne soupçonne rien de ce qui préoccupe gravement ce pays dont on n'éprouve que la grâce impérissable, la beauté du monde autour de Vienne.

Et voilà que surviennent les derniers noms, Purkersdorf, Weidlingau – on ne peut les lire tellement le train fonce en grondant, mais on les reconnaît à leurs arbres et leurs taillis. Enfin la gare – quelques personnes qui attendent, et puis enfin la voiture qui vous conduit par les rues. À chaque angle, de petits groupes se forment autour des affiches blanches de la mobilisation, occupés à lire sombrement la grave mise en demeure. Rien ne semble avoir changé, si ce n'est ce sérieux inhabituel sur les traits de chacun, ce silence profond chez tous ceux que l'on rencontre : on sent bien qu'aujourd'hui, personne parmi ces milliers de gens ne marchera d'un pas détendu ou alerte, que la gravité de l'heure, au contraire, s'est imposée à chacun. Ce n'est pas la Vienne insouciante et hédoniste à laquelle on est habitué, et on ne trouve plus trace de cette gaieté joueuse d'éternels fêtards dont tous les étrangers raffolent, et dont l'inébranlable légèreté finit souvent par écœurer. Le sourire a délaissé les visages, et sur leurs traits graves on lit l'émotion et presque la solennité d'un sacrement. Des manifestations proclament bruyamment une résolution cérémonieuse, et à maintes conversations particulières on ressent combien chacun est conscient du fait qu'il s'agit de jouer son va-tout et que c'est une nécessité. Pour rien au monde je ne voudrais avoir manqué le spectacle de cette ville à la gaieté proverbiale gagnée, en cette heure grave, par une dignité nouvelle, noble, par un silence plus harmonieux que ne l'est habituellement sa musique, et par un calme méditatif qui m'est apparu plus précieux que la joyeuse effervescence qu'on lui connaît. Jamais elle ne m'a semblé plus digne d'amour, et je suis heureux d'avoir pu, en cette heure précisément, la retrouver.

Un mot de l'Allemagne

6 août 1914

Des deux poings, sur sa droite et sur sa gauche, l'Allemagne doit à présent frapper pour s'arracher au double étau de ses opposants. Chaque muscle de la splendide énergie de son peuple est bandé à l'extrême, chaque nerf de sa volonté tremble de courage et de confiance. Fortifiée par plus de quarante fécondes années de paix mais nullement amollie par elles, armée d'airain par la constante conscience de la proximité de l'ennemi et préparée, à chaque minute de toutes ces années de paix, à la guerre par cette gravité avisée de la prudence qui constitue le trait de caractère le plus précieux de l'âme allemande, elle s'engage à nos côtés dans la fraternité du glaive. Le voisinage amical s'est mué en unité, le sort de l'Allemagne est indissociablement soudé au nôtre en cette heure brûlante. Et chaque pensée, fût-elle d'inquiétude ou d'espérance, qui, en Autriche, à présent, prendrait en compte uniquement notre destinée et non aussi celle de l'Allemagne, serait acte de déloyauté comparé à une grande loyauté, et d'un égoïsme dangereux.

Et il n'est d'autre manière de penser à l'Allemagne qu'en termes d'une confiance pleine et inconditionnelle. C'est justement dans l'obscurité de cette heure que se dessine mieux que jamais aux yeux du monde le secret de la puissance allemande : la qualité magistrale de son organisation. L'organisation, c'est l'énergie mise en ordre, la répartition sensée de toutes les composantes de la performance au service du meilleur résultat possible. Et c'est la gloire et la grandeur de la nation allemande que cette faculté inégalée de maîtriser et de mettre à profit sa propre force. Elle est l'exemple type d'un calcul de précision de la matière vivante, de l'unification de la volonté de vivre à l'échelle nationale. De même que, de tous les pays, l'Allemagne est celui qui de son sol tire le plus fructueux rendement grâce à une prouesse physique régie par l'intellect, de même, elle obtient de la masse millionnaire de ses habitants le maximum en termes de force morale et d'énergie mentale. Cet énorme organisme se transforme tout entier, en cas d'offensive ou de défense, en un formidable mécanisme, dans lequel chaque volonté individuelle fonctionne comme le ressort d'une montre, aucun atome de la puissance du peuple, à l'heure du besoin, n'est laissé en friche ou gaspillé par négligence. C'est cette concentration de puissance unique qui permet à l'Allemagne d'oser en toute sécurité s'opposer sans difficulté à des puissances aussi importantes, voire plus importantes, mais loin d'être aussi organisées, et de faire confiance à sa force de frappe dans la guerre.

Et pourtant, cette organisation allemande, qui fait l'admiration de l'ensemble du monde cultivé, resterait impuissante si elle n'était que le produit d'une politique habile, d'une réalisation étatique, rivé à la masse de manière étrangère et artificielle. Mais cette organisation exemplaire est doublement efficace parce qu'elle est forgée depuis l'intérieur, depuis la volonté de la race, la culture de chaque caractère, parce qu'ici le rythme de la volonté générale est en constante harmonie avec la volonté particulière. Là-bas, chaque individu est ainsi constitué que toutes les forces de sa volonté sont efficacement et uniformément regroupées autour d'un noyau interne, autour de ce que l'intégrité morale a de plus précieux, autour de ce sens du devoir qui depuis des siècles s'est affermi comme la norme et la forme d'existence de chaque individu. C'est en Allemagne qu'est apparue la religion qui subordonne toutes les résolutions importantes et les ultimes décisions de la morale au seul devoir, en Allemagne la philosophie, qui élève le sens du devoir au rang d'impératif catégorique de toute activité. La soumission totale du particulier à la volonté générale, la domestication de l'égoïsme au service d'un sentiment commun, tel est le noble précepte qui, dans les périodes de détresse, transforme les soixante millions d'Allemands en une seule masse, une force formidable agissant d'un seul trait, dont la puissance s'éprouvera aussi glorieusement face au plus terrible des opposants.

6 août 1914

Chacun de nous a constaté avec émerveillement, durant les années de paix, les résultats de cette volonté nationale résolue et unificatrice. Chaque fois que nous traversions la frontière, c'était d'abord un sentiment d'étonnement qui s'emparait de nous, devant l'assurance et la beauté avec lesquelles les villes ici prospéraient et une nation encore jeune s'approchait, s'épanouissant majestueusement, de la puissance hégémonique. Alors qu'il y a encore vingt-cinq ans, elle était tributaire de l'Angleterre pour la construction navale, elle a créé une flotte d'une rare puissance, à Hambourg, les bateaux les plus gros, les plus beaux et les plus rapides du monde cinglaient sur l'océan conquis. Après des siècles de pauvreté, quarante années de travail vertueux avaient permis d'atteindre une saine richesse, qui trouva dans l'art et la science ses buts les plus élevés. Nous avons vu cette nation progresser avec une détermination de fer jusqu'aux premiers rangs des peuples et susciter l'admiration dans toutes les parties du monde. Avec un désir envieux – il nous faut aujourd'hui l'admettre, en cette heure –, chacun de nous a ensuite bien souvent regardé de l'autre côté avec le sentiment qu'aucun autre pays ne pourrait en apprendre davantage au nôtre en matière de culture de la volonté et d'exploitation de la puissance. Entendre dans le silence de la paix le rythme de ce pays, le battement de cœurs unis et sains, était source de béatitude. Et c'est justement cette grandiose prouesse en temps de paix qui nous donne aujourd'hui doublement confiance sur ce dont l'Allemagne est capable dans la guerre.

Cette grande et saine confiance en l'Allemagne est aujourd'hui une part inestimable de notre énergie et de notre confiance. C'est le sang qui constitue cette union et la forme la plus sensible de l'esprit, la langue commune. Au contraire de la France et de la Russie, des éléments hétérogènes se trouvent pétris ensemble au moyen du seul intérêt commun, le lien entre l'Allemagne et l'Autriche ne s'enracine pas à l'extérieur, mais dans le vivant et fécond humus de notre sensibilité. Jamais l'Allemagne ne nous a été tout à fait extérieure, jamais étrangère, chaque ville a fait partie de notre patrie spirituelle, ses poètes, ses maîtres, ses érudits ont été les nôtres comme les nôtres ont été les siens. Mais jamais notre cohésion n'a été si forte qu'à cette heure et même si les poteaux frontières demeurent fermement enfoncés dans la terre, notre sentiment a submergé les frontières et ne connaît plus en ces jours de côtés séparés. Dans l'émulation des deux armées autour de la victoire, il doit y avoir une joie sans envie à voir les bonnes nouvelles dans notre propre camp dépassées par des nouvelles encore meilleures dans l'armée alliée, toutes les différences doivent aujourd'hui s'effacer devant la nécessité commune et le devoir commun. La préoccupation allemande doit aujourd'hui ne faire qu'une avec la nôtre, sa joie avec notre joie, et chaque combattant sous ses couleurs doit être l'un des nôtres.

Le monde sans sommeil

Vienne, 18 août 1914

Il y a moins de sommeil dans le monde aujourd'hui, plus longs les jours et plus longues les nuits. Dans chaque pays de l'immense Europe, dans chaque ville, chaque rue, chaque maison, chaque logis, le souffle calme du sommeil est plus bref et enfiévré, pareil à une unique nuit d'été, lourde et étouffante, ce temps ardent rougeoie dans les nuits et embrouille les sens. Comme ils sont nombreux, d'un côté comme de l'autre, ceux qui d'ordinaire se laissent délicatement glisser du soir au matin dans la barque du sommeil – pavoisée de rêves colorés qui battent au vent –, et qui à présent entendent les horloges arpenter, arpenter et arpenter encore le formidable chemin qui va de la lumière à la lumière, et sentent en eux le ver des soucis et des pensées bouffer et ronger inlassablement jusqu'à ce que leur cœur en soit écorché et malade. Tout une humanité tremble de fièvre nuit et jour, à travers les sens en émoi de millions de personnes luit un état de veille effroyable et impérieux, le destin pénètre imperceptiblement à travers les milliers de fenêtres et de portes, chassant le sommeil, chassant l'oubli de chaque couche. Il y a moins de sommeil dans le monde aujourd'hui, plus longs les jours et plus longues les nuits.

Nul désormais n'est seul avec lui-même et son destin, chacun épie le lointain. La nuit, à l'heure où il repose, seul et éveillé dans la maison protégée et verrouillée, ses sens s'envolent vers ses amis proches ou lointains : peut-être, à cette même heure, une partie de son destin s'accomplit-elle, une charge de cavalerie dans un village galicien, un abordage en mer, tout ce qui, à la même seconde, se produit à mille et mille lieues de distance est en rapport avec sa vie. Et l'âme le sait, qui s'étire et voudrait saisir quelque chose de cela, dans le pressentiment, dans la nostalgie, l'air brûle de vœux et de prières qui volent à présent d'un bout à l'autre du monde, allant et venant. Mille pensées cheminent sans répit, des villes muettes jusqu'aux feux de camp, du tour de garde solitaire sur le champ de bataille jusqu'au pays natal, du plus proche au plus lointain, planent d'invisibles fils d'amour et d'inquiétude, un interminable enchevêtrement de sentiments recouvre désormais le monde, chaque nuit, chaque jour. Combien de mots chuchote-t-on à présent, combien de prières dit-on à l'espace impassible, combien d'amour ardent vibre à chaque heure de la nuit ! Inlassablement l'air tremble d'ondes mystérieuses que la science est impuissante à nommer et dont aucun sismographe ne peut mesurer l'amplitude : mais qui pourrait dire s'ils sont complètement sans effets, ces désirs, si cette formidable volonté, brûlant depuis les tréfonds de l'âme, n'oscille pas elle aussi dans le lointain comme les vibrations des sons ou les secousses électriques ? Là où était le sommeil, répit irréel, il y a désormais une passion créatrice : encore et toujours l'âme s'évertue à voir dans le lointain, à travers l'obscurité nocturne, ces êtres qui lui sont chers, et en imagination chacun vit maintenant une destinée plurielle. Mille raisonnements transpercent le sommeil, encore et toujours son édifice vacillant s'effondre de nouveau et, au-dessus de l'homme solitaire, l'obscurité prodigue en images se déploie telle une voûte vide. Veilleurs de la nuit, les hommes sont aussi à présent les veilleurs du jour : chez les personnes les plus simples que l'on rencontre vit en ces heures quelque chose de la force de l'orateur, du poète, du prophète, sous la monstrueuse pression des faits, ce qu'il y a de plus mystérieux en l'homme se trouve pour ainsi dire projeté vers l'extérieur, chaque individu, renforcé dans sa vitalité. Tout comme là-bas, sur le champ de bataille, le chevaleresque, l'héroïsme embrasent soudain en cette heure agitée de simples paysans qui passaient leur vie à cultiver leur champ dans le calme et dans la paix, s'enflamme ici la faculté de vision chez des êtres d'ordinaire fort sombres et plaintifs ; tout un chacun sent dans sa vision intérieure se déployer une vie qui va bien au-delà du cercle commun de son existence, et celui qui d'ordinaire ne regarde que son labeur quotidien sent, derrière chaque nouvelle, s'animer une réalité et une image. Inlassablement les êtres labourent de préoccupations et de visions la glèbe inféconde de la nuit, et quand enfin ils sombrent dans le sommeil, c'est pour s'y adonner à d'étranges rêves. Car dans leurs veines le sang est plus chaud, et de cette touffeur naît la végétation tropicale de l'épouvante et du souci, des rêves dont on est heureux de se réveiller et de sentir qu'il s'agissait de vains cauchemars, qu'il s'agissait seulement de ce songe-là, le plus horrible de l'effroyable réalité humaine : la guerre de tous contre tous.

Même les plus pacifiques rêvent à présent de batailles, des colonnes chargent et déferlent à travers le sommeil, le sang mugit sombrement dans l'écho des canons. Et si l'on se réveille en sursaut, c'est pour entendre encore, même au réveil, le fracas de tonnerre des charrettes, le crépitement des sabots. On tend l'oreille, on se penche à la fenêtre : et c'est bien vrai, en bas, les charrettes et les chevaux s'étirent en longues files par les rues désolées. Quelques soldats mènent par la bride toute une horde de chevaux qui trottent patiemment d'un pas lourd et clinquant sur le pavé sonore. Même à eux, qui d'ordinaire, la nuit, se reposent en silence de leur journée de travail dans la chaleur de leurs écuries, même aux bêtes le sommeil habituel se refuse, les attelages paisibles sont séparés, les frères dépareillés. Dans les gares, on entend les meuglements des vaches, ces bêtes patientes, s'élever des wagons ; arrachées qu'elles sont aux chaudes et tendres pâtures estivales pour être menées vers l'inconnu, leur repos, même à elles qui sont toute placidité, est bouleversé. Et les trains s'épandent dans la nature endormie : elle aussi, le tumulte des hommes la fait tressaillir, des troupes de cavaliers bondissent, la nuit, dans des champs auxquels, de toute éternité, l'obscurité était venue offrir le répit, sur la surface noire de la mer, en mille endroits, luit le cercle lumineux des projecteurs, plus clair que le halo de la lune et plus aveuglant que le sommeil, et même en dessous, les sous-marins en chasse perturbent la pénombre des eaux. Des coups de feu tonnent dans les montagnes muettes, l'écho répond aux tirs, faisant basculer les oiseaux hors de leur nid, le sommeil n'est plus sûr nulle part, même dans l'éther, l'éternellement préservé, traversé par la hâte meurtrière des aéroplanes, ces comètes de notre temps, oiseaux de malheur. Rien, rien ne saurait connaître de repos et de répit en ces jours, l'humanité a entraîné les bêtes et la nature dans son combat meurtrier. Il y a moins de sommeil dans le monde aujourd'hui, plus longs les jours et plus longues les nuits.

Mais rappelons-nous seulement, encore et encore, que le temps est ample, et que tout ce qui se passe actuellement est sans exemple dans l'histoire, qu'il vaut la peine d'être sans sommeil, uniquement éveillé, infiniment éveillé. Jamais le monde, depuis sa naissance, n'a été si globalement nerveux, à ce point mis à l'épreuve dans sa communauté. Une guerre, jusqu'à présent, ce n'était jamais qu'une inflammation isolée dans le formidable organisme de l'humanité, un membre purulent que l'on cautérisait pour le guérir, cependant que les fonctions vitales des autres demeuraient sans entraves et libres. Il y avait toujours eu des pays neutres, il restait toujours quelque part des villages dans lesquels ne parvenaient pas les nouvelles de cette nervosité, dont la vie se divisait paisiblement entre le jour et la nuit, le travail et le répit. Il y a toujours eu quelque part le sommeil et le silence, des gens qui s'éveillaient en riant dans le petit matin après une nuit sans rêves. Mais voici que l'humanité, à mesure qu'elle arraisonnait la terre, s'est liée de manière plus intime, une fièvre secoue aujourd'hui son organisme tout entier, un frisson d'effroi, l'ensemble du cosmos. En Europe il n'y a pas un atelier, pas une ferme isolée, pas un hameau dans la forêt auquel un homme n'ait été arraché pour prendre part à cette lutte, et chacun de ces hommes est à son tour relié aux autres par les fils du sentiment, même le moindre d'entre eux exhale, de tout son être, tant de chaleur que sa disparition laisse place au froid, à la solitude et au vide. Chaque destin forme d'autres destins qui dans le déferlement des flots s'étendent et s'accroissent dans la mer du sentiment, dans un lien formidable et dans cette détermination mutuelle de l'expérience, nul ne tombe dans le vide lorsqu'il meurt, mais chacun emporte avec lui quelque chose d'étranger. Des regards suivent chacun des yeux et cette vision et cette aspiration, multipliées des millions de fois et entrelacées au destin de nations tout entières, créent à présent l'agitation de tout un monde. L'humanité tout entière écoute et, par le prodige de la technique, la même réponse lui parvient au même moment. Les navires se font passer le message par d'innombrables ondes, depuis les émetteurs de Nauen et Paris, quelques minutes suffisent pour que la nouvelle se répande dans les colonies d'Afrique occidentale et au bord du lac Tchad, en Inde, les Indiens lisent la sentence sur les feuilles de chanvre tressé à la même heure que les Chinois sur leur papier de soie – l'excitation gagne les plus extrêmes terminaisons nerveuses de l'humanité et trouble le morne cours de la vie. Chacun guette, par toutes les fenêtres de ses sens, l'arrivée d'un message, boit l'apaisement dans les paroles des courageux et la crainte dans les doutes des fatalistes. Les prophètes, les vrais comme les faux, ont de nouveau du pouvoir sur la foule qui écoute et écoute encore, déambule fébrilement et repose fébrilement, jour et nuit, les longs jours et les interminables nuits de ce temps qui mérite qu'on le vive en éveil.

Car ces journées ne souffrent pas l'indifférence et quelque éloigné que l'on soit des champs de bataille, on n'y est jamais extérieur. Tout autour de chacun de nous, la nuit s'agite désormais sans relâche, nul n'a le droit de dormir paisiblement dans cette formidable excitation. Cette transformation des nations et des peuples nous transforme en même temps, peu importe que notre volonté l'approuve ou la nie, chacun est empêtré dans l'événement, nul ne reste froid dans un monde enfiévré. Impossible de rester le même face aux réalités qui se transforment, nul, aujourd'hui, ne se tient avec assurance sur une falaise pour observer en souriant les vagues se déchaîner en contrebas; chacun, qu'il le sache ou non, est entraîné par le flot, sans savoir où celui-ci le porte. Nul ne peut y faire obstacle, car nous sommes pris avec notre sang et notre esprit dans le tourbillon d'une nation et chaque accélération nous porte plus loin, chaque rupture dans son rythme freine la cadence de notre propre vie. Tout, lorsque la fièvre sera retombée, prendra pour nous une valeur nouvelle, et l'identique, justement, sera différent. Quel sentiment éprouverons-nous en regardant les villes allemandes après ce combat, et Paris, comme elle sera devenue différente et étrangère à notre sentiment ! Je le sais déjà, à Liège je ne pourrai plus m'asseoir dans la même auberge avec le même sentiment ni avec les mêmes amis depuis qu'une grêle de bombes allemandes s'est abattue sur la citadelle, entre maints amis de part et d'autre de la frontière se dresseront les ombres de ceux qui sont morts au combat, dont le souffle froid engloutira la chaleur des mots. Tous nous devrons réapprendre à passer de l'hier au demain à travers cet aujourd'hui flagrant, dont nous ne percevons pour l'instant la violence que dans l'effroi, et, par le biais de cette fièvre qui rend nos journées brûlantes et nos nuits étouffantes, guérir en atteignant une nouvelle forme de vie. Une autre génération s'élève derrière nous, dont les sentiments ont été durcis à ce feu, ils seront différents, ceux qui ont vu au cours de ces années des victoires là où nous ne percevions que reculades, hésitation et lassitude. La confusion de ces jours donnera naissance à un ordre nouveau, auquel notre premier souci doit être de nous soumettre avec force et générosité.

Un ordre nouveau – car la fièvre insomniaque, l'agitation, l'espérance et l'expectative qui consument aujourd'hui le calme de nos jours et de nos nuits ne peuvent pas durer. Même si la destruction semble aujourd'hui tout entière s'étendre terriblement sur le monde hagard, elle n'est pourtant que peu de chose face à l'énergie encore plus puissante de la vie qui, après chaque phase de tension, conquiert de nouveau le répit pour renaître plus forte et plus belle. Une paix nouvelle – oh, comme la lueur de ses ailes lumineuses semble aujourd'hui encore lointaine, à travers la poussière et la fumée de la poudre ! – reconstruira l'ancien ordre de la vie, le travail du jour et le répit de la nuit, dans les mille foyers qui aujourd'hui veillent dans l'excitation et l'angoisse, le silence reviendra avec le sommeil apaisant, et sous le regard des étoiles rassérénées la nature respirera de nouveau la félicité. Ce qui a encore à présent l'apparence de l'horreur deviendra bientôt, rien que par sa majestueuse métamorphose, grandeur ; sans regret, et presque avec nostalgie, nous repenserons à ces nuits interminables où, dans une si miraculeuse amplification, nous sentions dans notre sang le destin en devenir et le souffle brûlant du temps sur nos paupières. Seul celui qui a vécu la maladie connaît tout le bonheur de l'homme en bonne santé, seul l'insomniaque connaît la douceur du repos retrouvé. Ceux qui reviendront, et ceux qui seront restés, seront plus heureux de la vie que ceux qui sont partis, ils sauront en apprécier la valeur et la beauté avec plus de gravité et de vérité, et l'on attendrait presque impatiemment sa forme nouvelle si aujourd'hui encore, comme dans les temps antiques, les dalles du temple ne baignaient pas dans le sang sacrifié, et si ce nouveau sommeil bienheureux du monde n'avait été acquis au prix de la mort de millions de ses plus nobles créatures.

Aux amis de l'étranger

19 septembre 1914

Adieu, mes chers amis, compagnons de tant d'heures fraternelles en France, en Belgique et jusqu'en Angleterre, il nous faut prendre congé pour longtemps. Aucune des paroles, des lettres, des salutations que je pourrais à présent vous adresser dans vos villes désormais ennemies ne vous parviendrait – et si elles vous trouvaient, aucune ne pourrait atteindre votre cœur. Nous voici subitement séparés de force, nous que l'amitié et une communauté de goûts liaient depuis longtemps, mais je ne le regrette pas. Car à cette heure, pour la première fois, nous ne parviendrions plus – ne ferions-nous qu'échanger par écrits des propos et des objections – à nous comprendre. Nous ne sommes plus les mêmes qu'avant cette guerre, et entre nos sentiments se trouve désormais le destin de notre patrie. Vous m'êtes lointains ces jours-ci, vous m'êtes étrangers, et aucune langue, ni la nôtre, ni la vôtre, ne saurait entre nous réduire la distance et restaurer la confiance. Adieu, mes chers amis, adieu, mes compagnons !

19 septembre 1914

Le fait que mon sentiment vous désavoue en ces heures est-il une marque d'ingratitude ? Non, ne croyez pas cela, je n'ai rien oublié, aucune de ces soirées passées les yeux dans les yeux autour d'une tablée hospitalière, à cheminer en nous tenant le bras par les rues rêveuses – ces rues qui peut-être aujourd'hui crépitent des salves des fusils et croulent sous les flammes –, je sais que votre maison était pour moi un foyer et votre cœur, un frère. Qu'elles étaient belles, ces soirées où nous nous enseignions l'un à l'autre les noms de nos poètes, où il nous arrivait d'attraper un livre pour nous déclamer des vers, comme il était beau de commenter et d'interpréter ensemble les œuvres de nos compatriotes, oh, nous sentions bien, alors, combien l'étranger peut, grâce à l'amour et à la confiance, procurer une source infinie de richesses pour l'esprit, et un sentiment d'accomplissement démultiplié ! Le fait que l'allemand fût ma langue et le français, la vôtre, ne faisait que stimuler la créativité de notre communauté, la comparaison constante nous rendait fiers d'éprouver nos propres valeurs et d'admirer celles de l'étranger. Si un journal ou un livre atterrissait entre nos mains dont les propos incendiaires cherchaient à diviser les nations, nous ne faisions qu'en rire : notre communauté, du moins le croyais-je, du moins pensiez-vous le sentir, est plus forte que toute division, et ce qui nous lie – du moins le pensions-nous autrefois – est plus fort que le cordon de la naissance, que les chaînes de la langue. Cette confiance a embelli nos soirées, elle a affranchi la notion de patrie des frontières des États : la force de notre fraternité outrepassait toute langue, et sa pureté toute contestation.

Tout cela est révolu, mes chers amis, révolu, tant que des frères de ma langue et de la vôtre sont en armes, et cela vaut pour tous les points communs dont le danger seul nous révèle la violence. Je n'ai pas oublié ce que vous représentiez pour moi et ce qu'au plus profond, vous représentez encore, mais ces jours-ci je ne suis plus le même que celui qui aimait à s'asseoir avec vous, mon être s'est en quelque sorte métamorphosé, et ce qui en moi est allemand submerge toutes mes émotions. J'aimerais être capable de me montrer juste envers vous mais je ne trouve plus la force d'être juste. Aujourd'hui, la mesure a changé et la vérité de chaque être ne se conçoit qu'en communauté avec sa nation. Mon cas particulier n'est plus, je ne connais nulle amitié, et n'ai le droit d'en connaître aucune, que celle du peuple tout entier, mon amour et ma haine ne m'appartiennent plus. Et je n'ai de vérité qu'à partir du moment où je vous renie individuellement : le moindre paysan d'Allemagne du Nord, qui ne parle que quelques mots de ma langue et certainement aucun de mon cœur, m'est plus proche en ces heures que vous-mêmes, mes chers amis, auxquels si souvent je me suis ouvert de mes sentiments les plus intimes, enveloppé de votre compréhension, environné de votre confiance. Les dernières fibres de sol allemand de Prusse orientale m'importent davantage que vos villes dont la beauté et les multiples charmes ont fait vibrer chaque nerf de mon être.

Il me faut oublier ce que j'ai reçu de vous afin de mieux pouvoir éprouver ce que tous les autres citoyens allemands ressentent. Ce n'est pas vous qu'il me faut renier ni l'amour que je vous porte, c'est moi-même, il me faut faire ployer toute pensée qui ne parvient pas à germer dans la semence allemande.

N'attendez pas de moi aujourd'hui que je parle pour vous, que je dise : « Les gens de Belgique ne sont pas des assassins et des violeurs de blessés, ceux qui font cela sont issus des couches inférieures, ils sont la fange qui, charriée par les événements, vient troubler l'image de toute une nation. » Que je dise : « La France est pacifique, elle se laisse seulement entraîner, et tous les Anglais ne sont pas des pharisiens perfides », que je ne fasse rien pour m'opposer par les mots à chaque vague de colère que l'Allemagne fait aujourd'hui rouler sur ceux qui la tourmentent. Je sais qu'il serait juste de dire cela haut et fort, et je sais combien il est beau d'être juste jusque dans la passion. Mais aujourd'hui il n'est plus de place dans ce temps pour la beauté, rien ne compte plus que la beauté de l'action et ses autres vertus : le courage, la détermination, la conviction. Et que celui qui ne combat pas avec vous s'abstienne au moins de s'interposer contre les autres, de brandir l'argument de l'humanité face à celui dont la colère et l'intrépidité obéissent à une loi différente, et assurément pas moins importante, que celle à laquelle se conforme l'observateur. Le soldat ne doit pas, au moment de presser sur la gâchette, songer au fait que son adversaire n'a pas voulu la guerre, que chez lui, une femme et des enfants attendent son retour, une nation ne doit pas hésiter, de toute la force de sa volonté intérieure, à en haïr une autre, aussi longtemps que celle-ci menace son existence. Et cette haine à votre encontre – que je l'éprouve ou non –, je ne la veux point tempérer, parce qu'elle témoigne de victoires et d'une force héroïque. Le temps n'est pas aux constats individuels, aux justices personnelles. N'attendez donc pas de moi – aussi profondément puissé-je me sentir votre obligé – que je me fasse votre avocat ! Sachez apprécier la noblesse de mon silence comme j'apprécie la noblesse du vôtre, comme à votre place je me tairais si votre pays vous appelait contre l'Allemagne. Ce que nous nous devons personnellement les uns aux autres, personne n'a aujourd'hui à le comptabiliser. C'est le tout qui est en jeu, et les peuples ne comptent pas avec des mots, mais avec des armes : laissons aujourd'hui aux mots notre petite justice et sacrifions notre amitié personnelle à cette communauté supérieure dont le destin se façonne aujourd'hui.

Mais ne croyez pas pour autant, chers amis, qu'il me soit facile, ce silence ! Je dois serrer les dents lorsque je lis que les bombes pleuvent sur Liège – peut-être même sur cette maison où si souvent nous avons été réunis – et que Louvain est partiellement détruite, il me semble alors que c'est à ma vie même qu'on attente. Je lis que les pilotes allemands ont lâché une bombe dans la rue Vivienne à Paris ; j'ai habité là[1], je revois l'aubergiste affable du coin, avec lequel j'échangeais chaque jour des paroles chaleureuses, je pense à sa petite fille qui venait toujours quémander les timbres étrangers auprès de moi, et je souffre lorsque je pense, lorsque je les imagine, les pauvres, pâles comme la mort, prenant la fuite à travers les vitres fracassées. Mais ma souffrance semble tout de suite bien piteuse si on la rapporte à celle, terrible, de ces milliers de jeunes gens gais et fringants il y a seulement quelques jours, qui à présent gisent dans les hôpitaux, leurs membres déchiquetés et mutilés ! Je me ferais l'effet d'être bien piteux si je laissais quelque chose qui n'opprime que moi devenir parole ou cri. Et n'est-il pas vrai, mes amis, que vous ne ressentez pas autre chose que moi ? Vous me comprenez jusque dans mon éloignement, jusque dans la manière, aussi douloureuse soit-elle, dont je deviens pour vous un étranger ! Vous savez – oh oui, vous le savez, car c'est ensemble que nous les avons admirés – combien j'aime le Rubens que renferme l'église de Malines[2], et aussi chaque pierre de Paris, chaque rue et chaque maison. Mais je ne dois pas implorer : ne touchez pas à l'éternel de l'art, car ce que fait aujourd'hui l'Allemagne est aussi pour l'éternité. L'Allemagne compose aujourd'hui en lettres d'airain un poème héroïque, et ses batailles ne sont pas moindres que tous les actes des individus. Une nation, son unité sont aussi des œuvres d'art, qui portent en leur giron des forces infinies, et aucun tableau, aucune musique n'est capable d'autant soulever nos cœurs que le spectacle de ce pays à l'heure où culmine sa beauté. Mais c'est là, mes amis, je le sens bien, c'est là que se situe la frontière au-delà de laquelle nous ne comprenons plus, c'est quelque chose que l'on ne peut éprouver que dans son sang, et non plus avec ses seuls sens. Mais peut-être éprouvez-vous exactement la même chose de votre côté – simplement, il y a entre nous tous un fossé qu'il nous est impossible de surmonter. Trop proches pour jamais pouvoir nous haïr, et pourtant, à cette heure, trop loin pour pouvoir aussi parfaitement nous comprendre que par le passé, nous n'allons pas commencer à échanger des propos et des objections. Le silence est le garant de notre amitié !

Adieu, donc, mes chers amis, compagnons de tant d'heures fraternelles en France, en Belgique et jusqu'en Angleterre, il nous faut prendre congé pour longtemps ! Notre amitié est vaine tant que nos peuples sont en armes, mais elle sera deux fois plus précieuse au terme de leur grande lutte. Car après, l'aigreur mesquine, la vile rancœur, la hargne lamentable viendront dans le monde se substituer à cette sainte colère, et c'est alors que débutera notre œuvre de samaritains, pour soigner les blessures que nos frères se sont infligées. Nous voulons essayer, dans la limite de nos forces, que notre amitié humaine prenne valeur d'exemple pour l'un des peuples.

Alors la parole, le discours pourront retrouver leur puissance – à l'heure de l'action, c'est le silence qui s'impose. Ne m'oubliez pas, ne serait-ce que pour les devoirs qui nous incomberont à l'avenir, de même que je vous suis fidèle, plus qu'il ne m'est permis de le montrer. Adieu, mes chers amis, adieu, mes compagnons de l'étranger, adieu, adieu !

Pourquoi la Belgique, pourquoi pas la Pologne ? Une question aux pays neutres

Vienne, 4 avril 1915

Parmi tous les peuples et les nations, par-delà les mers et les terres, la pitié du monde non engagé a convergé, ces jours-ci, dans une seule direction, pour aider le pays qui a été la première victime du conflit européen. Non engagés dans la guerre et néanmoins associés au malheur qu'elle génère, les États neutres ont unanimement reporté sur la Belgique leur amour charitable. Des bras ouverts ont accueilli les personnes désormais privées de toit, de douces paroles ont apaisé leur douleur. En Hollande on a mis les réfugiés en sécurité, au Danemark on les a accueillis, des vêtements leur ont été envoyés d'Italie, d'Afrique ou d'Australie, les parlements les ont salués, les poètes les ont célébrés, des millions et des millions ont afflué vers eux. Non sans théâtralité, Vanderbilt à lui seul leur a promis un million de dollars par mois, mais les pauvres et les plus pauvres aussi se sont rassemblés dans les rues pour aider, au moyen des dons des individus, d'autres individus, opposer la pitié au malheur, l'abondance à la privation. À Paris et à Londres, mais aussi dans les résidences neutres, les chanteurs ont chanté pour la Belgique, les théâtres, joué, les poètes, déclamé, des femmes sont allées de maison en maison arborant banderoles et drapeaux belges, pour ne rien dire de l'Allemagne qui, forcée d'entrer dans le pays en tant qu'ennemie, a cherché de mille manières à apaiser la détresse des habitants qui y étaient restés. La grande communauté humaine de la pitié, l'union des bons sentiments se sont merveilleusement fait sentir dans ce temps fissuré, et l'on aimerait se réjouir simplement, franchement et sans hésitation, si cette pitié était toujours candide et désintéressée, juste une main douce qui calme et apaise les souffrances. Mais dans bien des cas, cette pitié a ensuite été dévoyée comme une arme pour atteindre les autres, engendrer la haine alors qu'elle se voulait amour, et surtout, elle a été déployée comme un voile pour masquer d'autres souffrances. Il faut, une fois pour toutes, que cela soit dit.

Mon propos n'est en aucun cas de détourner de la Belgique ce grand mouvement de sympathie humaine qui entoure aujourd'hui ce malheureux pays, non, rien ne pourrait me pousser à lui jalouser les dons en nature et en argent, puisque j'éprouve en moi-même, au plus profond de mon cœur, une profonde commisération pour chacune des victimes de ce pays. Je ne veux rien confisquer de cette aide ni de cette sympathie, je ne saurais dévier le moindre franc de sa tragique nécessité. Si l'incompréhension ou la culpabilité peuvent exister entre deux États, en revanche, la victime est toujours l'innocent, et je ne connais pas un seul exemple de souffrance humaine, pas une peine que l'on puisse, ces jours-ci, qualifier de « méritée ». Tous ces milliers d'infortunés qui, encore l'été dernier, profitaient paisiblement et confortablement de leur maison, qui sillonnaient les champs de Flandres avec leur charrue et leur faux, qui, de la terre ferme, considéraient la mer comme leur unique ennemi, qui sont à présent contraints de trouver refuge sous un toit étranger, peut-être même dans la rue, qui ont dû laisser derrière eux leurs biens, leurs amis et leur patrie, ces infortunés, par-delà la culpabilité et l'injustice, ont rejoint le royaume sacré du malheur, que seule la pitié a le droit, respectueusement, de pénétrer. Il n'y a guère que les fanatiques de la haine des peuples qui puissent peut-être, ici, éprouver de la jalousie, mais certainement aucun de ceux qui aspirent à la justice intérieure. Peut-être suis-je particulièrement enclin à ressentir dans toute sa dimension tragique le destin de la Belgique parce je suis redevable à ses paysages, à ses habitants, à ses tableaux et à ses livres de certaines des heures les plus merveilleuses de mon existence, peut-être éprouvé-je plus vivement l'horreur de cette chute parce que c'est là que j'ai passé, inconscient parmi les inconscients, les derniers jours avant la guerre, dans ces villes et ces rues dont beaucoup ont depuis été réduites en poussière, et pour longtemps, sous le talon de fer de la guerre. Mais je crois qu'il n'est pas un Allemand, fût-il le plus acharné des adversaires, qui refuserait à ces réfugiés sa pitié, qui s'interdirait de tendre aux démunis et aux délaissés la main qui prodigue nourriture et soins. Personne, pas même en pays ennemi, ne sera capable de l'empêcher et de mesurer si cette aide est ou non méritée, car le malheureux jamais n'est dans son tort et car sa détresse donnera toujours au nécessiteux sa dignité.

Mais pourtant : il est une question à laquelle, à l'extérieur, on ne saurait se soustraire, qui doit être posée à tous, alliés, ennemis et surtout aux pays neutres, à tous ceux qui souhaitent tenir leur passion à distance et n'être proches que par le sentiment. Une question si évidente, et pourtant si rarement posée, une question qui ne cherche en aucune manière à atténuer cette pitié mais au contraire à l'élargir et l'accroître, la question peut-être la plus ardente, la plus brûlante de notre temps : pourquoi cette empathie, cette compassion, cette exaltation du sentiment ne se manifestent-elles qu'envers la Belgique, et la Belgique seule ? La totalité de la souffrance humaine serait-elle réellement circonscrite aujourd'hui entre l'Escaut et la Meuse, au milieu des peuples qui luttent et s'affrontent, n'y a-t-il pas un autre pays qui souffre tout autant, dont les habitants, tout aussi inquiets et épouvantés, aussi dignes de pitié et aussi innocents, errent dans des maisons et des rues étrangères ? À côté de cette souffrance belge que l'on célèbre et glorifie à la une des journaux, en faveur de laquelle toutes les langues du monde déploient tout leur art de la persuasion, à laquelle des millions de mains prodiguent le baume et le bien, n'est-il pas dans le monde une autre souffrance, un autre peuple dans le même besoin, dont pourtant on tait le martyre avec une étrange préméditation, dont nul, parmi les pays non alignés, ne se préoccupe de la destinée ? Si la question, je le sais, est aussi une accusation, elle n'émane pas cependant d'un seul individu, mais de millions de voix qui appellent au secours et dont le cri ne porte pas.

Si la souffrance n'est pas quantifiable, et s'il est impossible de mesurer un malheur face à un autre, il est néanmoins raisonnablement permis d'affirmer que cet autre peuple n'a pas moins souffert que la Belgique mais plutôt davantage, cent fois davantage. Je n'aurais pas besoin de citer son nom que chacun le devinerait, y compris ceux qui font mine de l'ignorer, qui ne considèrent sur la carte, avec une étrange et hypnotique insistance, que la frontière entre l'Allemagne et la France, comme si un autre peuple, dont l'importance n'est pas moindre, n'avait pas vu s'abattre sur lui l'épouvantable sort d'être pris au milieu de l'effroyable collision de deux armées millionnaires. C'est le pays martyr des temps nouveaux, crucifié depuis des siècles sur la croix de la souffrance et pourtant vivant, le corps déchiré et l'âme embrasée, en dépit de toutes les blessures et de tous les supplices. La colonne vertébrale de son indépendance a été brisée, on l'a mis à genoux, mais rien n'a pu briser sa foi en la renaissance et la grandeur futures. Et ses dix millions d'habitants, déchirés entre trois pays, sont aujourd'hui, à cette heure, de nouveau unis, par leur volonté, par leur destinée et surtout : par leur calvaire.

Vienne, 4 avril 1915

Ce pays de Pologne a enduré ce qu'un pays ne peut faire autrement qu'endurer, et le même monde qui a eu des milliers de larmes pour la Belgique, qui lui a témoigné pitié et bonté, ne mentionne pas son nom. L'heure n'est pas encore venue de conter la totalité de son martyre, et il n'a pas encore, après des mois de flagellation, parcouru toutes les stations de son chemin de croix jusqu'au sommet de sa souffrance, mais ce que ce pays a enduré est sans exemple dans les registres de douleur de l'affliction humaine. Depuis des centaines d'années il est accoutumé à la misère, mais c'est certainement là son heure la plus dure, car ce que la Belgique a souffert en un seul mois, il le supporte aujourd'hui sans perspective de répit. En Belgique, la vague de l'armée allemande a déferlé en emportant tout sur son passage, comme un flot agité charrie les cailloux et coquillages, mais ce fut un unique choc. À présent les masses déferlantes se sont dispersées, endiguées dans les canaux de la guerre réglementaire, et au milieu de la guerre mondiale ce pays retrouve un éclat – peut-être illusoire – de liberté. Ce sont les fenêtres miroitantes et les rues de Bruxelles qui brillent dans le soir, ce sont les rouages tournoyants qui s'activent dans les usines, ce sont les trains qui filent sur les rails, c'est le paysan qui arpente les champs, tenant le manche et la charrue, semant et récoltant. Si la présence allemande peut encore en accabler certains, le pays respire néanmoins avec calme et sérénité. En Pologne, aujourd'hui comme il y a des mois, trois millions de soldats sont encore plongés dans un déluge guerrier permanent, des Carpates jusqu'à la lagune de la Vistule et à la mer, il n'est pas un village, une ville, un sentier ou un chemin qui n'ait vu la guerre. Ballotté entre allié et ennemi, à travers les aléas de la guerre, entre l'offensive et la retraite des armes, le peuple oscille entre l'espoir et l'abattement, depuis le premier jour jusqu'à aujourd'hui, la Pologne est le champ désolé, macabre, de la guerre qui oppose les trois nations de Russie, d'Allemagne et d'Autriche.

Le monde le sait, il doit le savoir, et pourtant – et j'aimerais savoir pourquoi, pourquoi ? – personne ne parle de la Pologne. Personne n'osait, quand on le soumettait, les yeux dans les yeux, à cette effrayante interrogation, personne n'osait affirmer qu'il ne s'était rien passé, là-bas, de ce qui, en Belgique, suscite les larmes et la compassion. Personne, en pays neutre, n'est assez naïf pour croire que les Cosaques seraient plus mous que les barbares allemands et que la guerre, ici, serait affaire de philanthropie. Il n'est pas nécessaire de noircir sa sombre destinée d'abominables histoires, il suffit, à qui a vu la guerre ou à qui possède assez d'imagination pour être capable, même à distance, de l'éprouver profondément en lui, il suffit de dire : la Pologne est le théâtre où s'affrontent depuis huit mois des soldats par millions. Cela suffit, ou devrait suffire à éveiller la commisération du monde entier. Sur cette terre où d'ordinaire, le blé prospérait dans un humus amoureusement cultivé, le sol retourné abrite désormais une semaille différente, inféconde, dépouilles de guerriers et cadavres de chevaux. Les veines luisantes des voies ferrées ont été arrachées, les ponts, dynamités, les voies, bloquées, le pouls d'un grand pays est fiévreux et malade et le précieux sang de son peuple s'échappe de ses veines. Des villes, dont beaucoup sont devenues des champs de ruines, les gens se sont enfuis à toutes jambes, les millionnaires comme les mendiants, bien des femmes emportant avec elles la violente souillure de l'infamie. L'été venu, les malheureux se sont échappés, sans le moindre vêtement chaud en prévision de l'hiver étranger, tels ces sombres corbeaux du malheur chassant devant eux la tourmente qui emporterait leurs maisons et mettrait en pièces leur destin. L'effroi et la précipitation ont eu raison de tous les liens, père et frère, mère et sœur dans leur fuite tumultueuse se sont perdus, projetés çà et là par cette vague soudaine, et depuis des mois, chez nous, on a pu lire dans tous les journaux leur cri, la manière dont ils se cherchaient par-delà un océan de malheur. Ils habitent probablement des villes étrangères, dans des baraquements et des entrepôts, leurs journées s'écoulant, vides et démunies, à compter les heures qui les séparent du retour, pauvres éclats épars d'une communauté qui fut jadis active et juste. Ceux qui sont restés, en revanche, ont dû se faire les valets d'hôtes effrayants, recevoir des Cosaques désarmés qui les dépouillèrent, supporter sans protection le froid qui les talonnait, surmonter sans défense la faim qui les tenaillait. Ici, ce ne sont pas des centaines ou des milliers, mais des dizaines, des centaines de milliers d'êtres, un peuple tout entier qui a subi tout ce que l'on peut inventer en termes de souffrances terrestres, souffrance du corps, des sens et de l'âme, un martyr sans équivalent.

Et au sein de ce peuple, il en est encore un autre qui a bu jusqu'à la lie le calice de la souffrance, un autre peuple que les épreuves accablent depuis des siècles et qui pourtant n'a jamais été autant mis à l'épreuve qu'aujourd'hui : les juifs. Car là-bas, en Galicie, entre la Russie et la Pologne, la judéité forme encore un peuple, un peuple possédant ses coutumes, ses usages, ses particularismes et sa langue propres. Au sein de toutes les autres nations, la question juive a été pour ainsi dire absorbée dans le feu des événements. En Allemagne, en France, en Angleterre et en Autriche, les juifs, sans différence, se sont dissous dans les passions des peuples, mais dans la partie russe de la Pologne et en Galicie, aussi longtemps que l'occupent les Russes, leur sort devient tout de suite un sort particulier, un sort prolétarien. Tous leurs droits leur ont été retirés, toutes les souffrances se sont accumulées sur eux. Lorsqu'ils fuyaient, ils pouvaient en se retournant voir les flammes et les pillages anéantir leurs biens, lorsqu'ils restaient, leur amour de l'Autriche se voyait mis à l'épreuve sous l'inculpation d'espionnage ou de trahison. Ce sont eux, les premiers, que la population a en quelque sorte sacrifiés à l'envahisseur russe, ceux sur lesquels celui-ci put passer sa première colère, décharger ses pulsions les plus cruelles, ils étaient les otages tout désignés pour ses exigences, le gage le plus sûr de sa cupidité, parce qu'ils étaient, selon la loi du pays et de la guerre, complètement libres d'être livrés à l'arbitraire et l'outrecuidance. L'heure n'est pas encore venue de dire au monde toute l'étendue de leurs souffrances, ce n'est qu'après la guerre qu'il faudra traduire tous les coupables en justice, et avec eux le monde tout entier qui en silence – et les cautionnant par son silence – a été le témoin de ces crimes. Mais il y a aussi les réfugiés, qui s'étaient disséminés en une terrible diaspora et sont retournés en Autriche quand la loi leur accorda d'y séjourner, ne vivent depuis des mois que du pain amer de la pitié et de la vie en terre étrangère. Depuis l'époque de Nabuchodonosor et la destruction du Temple, le peuple juif n'avait peut-être pas subi d'épreuve aussi douloureuse.

Et toujours, toujours plus violente à mesure que l'on réfléchit à l'ampleur de cette tragédie, la question vient vous trouer la poitrine, pourquoi le monde, pourquoi les pays neutres, les bienheureux impartiaux, n'ont-ils que la Belgique à la bouche et à l'esprit, pourquoi se taisent-ils à eux-mêmes, comme par un accord tacite, les souffrances et les supplices de la Pologne ? Ne savent-ils pas, ou bien ne veulent-ils pas savoir ? Est-ce simplement parce que le gouvernement de l'Autriche n'a pas, contrairement à ceux de la France, de l'Angleterre et de la Belgique, publié des registres macabres, avec papiers d'identité et photographies, parce qu'il n'a pas envoyé d'agents et de films en Amérique, en Hollande ou en Suisse, pour y dérouler tout le spectacle de la misère ? L'imagination des pays neutres est-elle réellement à ce point paresseuse que seuls le fer rouge de la cruauté, la pointe empoisonnée de la calomnie parviennent à les tirer de leur torpeur ? Faut-il réellement attendre qu'un événement aussi monstrueux et tragique se trouve pathétisé, la plainte et l'émotion contenues dans le regard tourmenté d'un peuple martyr ne suffisent-elles pas ? Il semble que non. Quelques Polonais illustres par le rang et le nom se sont rassemblés en Suisse pour y lever de l'aide, mais nul navire n'est venu d'Australie pour apporter des céréales, nul Vanderbilt n'a donné des millions, nul parlement n'a rendu hommage à cette souffrance et nul poète ne l'a célébrée. On cherche vainement à se l'expliquer. Cela vient-il peut-être d'un défaut de perception, cette indifférence tient-elle au fait que vu de l'extérieur, la Belgique forme une nation, et non la Pologne ? Cela ne peut pas être la vraie raison. Car d'une part, la Belgique, flamande ou wallonne, n'est pas unifiée dans la langue et les cultures, et d'autre part, dans le cas de la Pologne cette déchirure, la déchirure artificielle de la nation et son besoin d'unité que nul coup du sort n'est parvenu à abattre, ne devraient faire que renforcer cette pitié. Cela ne peut pas être. Ou peut-être y a-t-il bien réellement ce que Berta Zuckerkandl, chez nous, a appelé des « degrés dans la pitié », existe-t-il des catégories de sympathie en fonction des pays de premier ou de second ordre ? A-t-on eu tellement pitié de la Belgique parce que c'est un pays riche, débordant d'art et de culture, tandis que l'on dédaigne la Pologne en raison de sa pauvreté ? Mais la pauvreté devrait justement être le point de friction auquel s'embrase la flamme de la pitié, et quand bien même beaucoup de Polonais seraient dans le besoin, cela n'autorise personne à se montrer méprisant à l'égard de leur culture. Dans les châteaux que l'on a pillés se trouvaient des œuvres d'art qui n'étaient pas moins belles et précieuses que celles des cités belges, et les grenades qui ont détruit la basilique Sainte-Marie de Cracovie et le retable de Veit Stoß n'ont pas causé moins de mal à l'humanité que celles de Malines ou Louvain. Cela explique peut-être aussi pourquoi le monde se ferme avec tant de persévérance au sort de la Pologne. La question reste posée, avec une urgence toujours grandissante. Derrière cette partialité de la pitié, il doit y avoir quelque chose de plus profond. Le sentiment a certes des relations secrètes, et la sympathie, des affinités qui dépassent la raison. Et l'on peut envisager que par sa proximité géographique et historique, la Belgique soit ontologiquement plus proche de la race latine et anglo-saxonne que la Pologne, que quelque part dans les fibres de son être national le nerf de la sensibilité a vibré plus tôt à l'unisson de la Belgique, que le sentiment ne se mesure pas en chiffres, une ville contre l'autre, mais que ce soit l'inclination qui ait donné une couleur plus vivante au sort des Flandres. Il n'est pourtant nul besoin de former des arguments artificiels pour prouver que jamais la Belgique n'a été plus que la Pologne proche de la culture européenne. Au contraire : s'il y a bien eu en Europe, depuis un siècle, un pays qui a conspué et méprisé la Belgique, c'est bien la France. Toute sa littérature exprime la moquerie et la condamnation unanimes de son voisin flamand. Baudelaire a toute sa vie nourri le projet d'écrire un livre contre la Belgique, ses notes à ce sujet ne sont que railleries. À notre époque, Octave Mirbeau s'est effectivement chargé de l'écrire[1], et la défiance de la France envers l'art belge s'est manifestée, au cours des dernières décennies, de cent manières différentes. Maeterlinck a eu beau briguer l'Académie, les portes de celle-ci lui sont restées fermées, aucune pièce belge n'a trouvé le chemin des théâtres français – si j'excepte *Le Mariage de mademoiselle Beulemans*, une comédie belge[2] qui a triomphé pendant plus d'un an à l'affiche d'un théâtre parisien – et si l'on explorait les lettres et les écrits des meilleurs Belges d'aujourd'hui, on n'y trouverait que plainte et amertume à l'égard de ce déni français. Contre l'Angleterre, par ailleurs, la Belgique a dû se défendre politiquement pendant une décennie, lorsqu'un vif sentiment moral y a soudain découvert l'existence des *Belgian atrocities** au Congo (peu après, étrangement, la découverte des mines de cuivre) et lorsque l'on a voulu, pour des raisons morales, reprendre aux féroces Belges leur colonie. Si l'on feuilletait les journaux d'il y a dix ans, on y trouverait les mêmes articles qu'aujourd'hui contre l'Allemagne. Nulle part, dans le domaine francophone ou anglophone, il n'était question d'une sympathie passionnelle et invétérée pour la Belgique, et encore moins d'un antagonisme historique envers la Pologne. Une Polonaise avait été reine de France, et des milliers de Polonais, plusieurs milliers, sont

* En anglais dans le texte.

tombés pour la cause française et la liberté sous le drapeau napoléonien.

Enfants de la Pologne,
Marchez en Catalogne !*

C'est à ces cris qu'on les célébrait, il y a un siècle, à Paris, et ils marchèrent sur l'Espagne, sur les Pays-Bas, sur tous les ennemis de la France. À Moscou, sur la Bérézina, sur l'Èbre et en Italie, les lanciers polonais se sont battus pour l'honneur de la France, à la bataille des Nations près de Leipzig, le prince Poniatowski fut l'un des derniers à abandonner l'armée française en déroute, trouvant la mort lors de l'explosion d'un pont. Paris a été la ville d'adoption de tous les grands Polonais, Chopin y composa ses plus grandes œuvres, Mickiewicz, le grand poète national, enseigna à la Sorbonne l'histoire et les idées de son peuple. Tous les poètes romantiques dans tous les pays ont forgé des vers pour la liberté de la Pologne, et encore de nos jours, l'Angleterre a fêté sa révolution et l'Amérique a assailli le président après la découverte de l'existence de pogroms en Russie, et que les événements de Kichinev sont venus salir le nom de la Russie. Tout cela, jadis comme hier, était encore vif dans la conscience du monde. Et aujourd'hui, alors que les nations se trouvent soudain réunies dans la pitié pour la Belgique, aucune n'a de parole ou de larme pour la Pologne.

* En français dans le texte.

Pourquoi, pourquoi cette étrange partialité ? La question reste sans réponse. Il faut la poser de nouveau, toujours plus farouchement, toujours plus passionnément. Et il n'existe qu'une seule réponse : la commisération des pays neutres a été influencée consciemment et unilatéralement. Dès la première heure, une agitation s'est fait jour, qui était inoffensive tant qu'elle servait à adoucir les souffrances belges, mais qui devient criminelle dès lors qu'elle essaie de faire de cette pitié, cette pitié prodigue et exubérante des pays neutres, une arme contre l'Allemagne, et surtout un prétexte pour cacher aux yeux du monde le supplice de la Pologne et les souffrances de cette nation. Je peux comprendre que les belligérants tentent ainsi de rallier à leur parti ceux qui n'adhèrent à aucun. Il n'est que trop compréhensible que les alliés intercèdent aujourd'hui en faveur de la Belgique, qu'ils publient des registres macabres, que Maeterlinck aille en Italie et Vanderbilt en Amérique, qu'on fomente ici une inculpation pour porter atteinte à l'Allemagne et pour gagner des soutiens dans ce conflit. Je puis comprendre que les meilleurs citoyens de ce pauvre pays se fassent aujourd'hui les prédicateurs et les bonimenteurs de leur patrie, oui, même leur haine je puis la comprendre, jusque dans ses manifestations les plus absurdes. Je puis même comprendre – sans y souscrire – qu'ils maquillent les souffrances de leur pays pour en faire une arme. Car en ces jours de guerre mondiale, chaque chose, à sa vocation propre, se voit substituer un unique but : produire de la destruction. Les usines habituellement vouées à la création d'appareils inoffensifs fabriquent à présent de l'acier tranchant, les trains et les vaisseaux qui servaient à la valorisation des marchandises et à la satisfaction d'une population paisible convoient à présent des armées et des obus, les philosophes appliquent leur intellect à démontrer la nécessité du conflit, et les poètes – guerriers, même eux – façonnent la haine et l'exaltation, ces explosifs de l'esprit. Tous les sentiments sont accaparés à des fins belliqueuses, la passion, le courage, la foi, l'enthousiasme, et de même, la pire barbarie devient imaginable – le fait que même la souffrance humaine, qui n'appartient pourtant pas aux nations mais à l'humanité, à l'Éternel, que même cette souffrance soit utilisée comme arme pour embraser les passions, comme aiguillon pour exciter la colère et la soif de vengeance. Oui, l'état affectif des opprimés permet même de comprendre pourquoi ceux-ci utilisent leur souffrance comme une arme contre ceux qu'ils estiment en être la cause. Mais il est un but auquel on ne saurait affecter la souffrance et son miraculeux revers, la pitié : l'anesthésie des consciences. On n'a pas le droit de donner ainsi en spectacle le supplice de la Belgique pour occulter celui de la Pologne ; on ne doit pas incriminer la cruauté de l'Allemagne pour étouffer les forfaits des Cosaques et les gémissements de leurs victimes ; on ne doit pas écarter la pitié pour un peuple de l'agitation autour de la détresse d'un autre. Les pays neutres, qu'ils en soient ici avertis, doivent prendre garde à ce que leur pitié, qui se veut défense et protection, ne soit pas transformée en arme. La pitié doit demeurer une force à l'écart de toute politique, une violence à l'écart de toute violence terrestre, nul n'a le droit de se méprendre, de l'attirer à soi au détriment de l'étranger. Dans l'opinion mondiale, la souffrance de la Belgique ne saurait violenter la souffrance de la Pologne.

Je le redis encore une fois – car aujourd'hui, où la passion mensongère s'acharne sur chaque mot jusqu'à ce que sa signification s'inverse dans les esprits, il vaut mieux doublement asséner les choses –, je le redis encore une fois, je ne veux nullement soustraire la Belgique à la pitié de l'Europe, à celle de l'Amérique, qui affluent si puissamment sur elle à présent, ni retrancher aucune parole de consolation, aucune larme de compassion, aucune pièce de monnaie. Au contraire, je trouve miraculeux qu'à l'heure où les peuples d'Europe forment des communautés pour se protéger ou au contraire se combattre par les armes, il existe sur terre une autre grande communauté – celle de la pitié et de la compassion, de la bienveillance et de la prévenance. Mais c'est justement parce que cette source est si pure et abondante qu'elle ne saurait être troublée par des orientations politiques, elle ne saurait affluer vers un peuple en en laissant d'autres mourir de soif qui ont autant besoin d'elle. Si elle veut rester pure et digne de son nom, la pitié du monde ne doit pas se laisser enjôler par des gesticulations unilatérales. En matière de sentiment, on ne saurait faire de différence entre les proscrits de Belgique et les apatrides de Pologne. Pour les pays neutres, les souffrances de la Belgique et de la

Pologne, de l'Allemagne et de la France, de l'Autriche et de la Russie, de la Hongrie et de la Serbie doivent être aussi douloureuses et aussi émouvantes, parce que c'est la souffrance de l'humanité, au-delà des considérations de pays natal et de patrie. Tant que la pitié des pays neutres se donne à chacun, c'est de l'humanité, quand elle commence à faire des distinctions, cela devient de la politique. Et le cœur du monde ne saurait aujourd'hui s'ouvrir qu'à quelques-uns, il est nécessaire, oh si nécessaire, qu'il prenne chacun en considération. Si les belligérants ont l'amère obligation de se sentir divisés entre ami et ennemi, alors il incombe aux pays neutres d'accueillir chacun comme un frère et de prendre chacun en pitié.

Peut-être qu'à certains d'entre vous, il peut sembler excessif de devoir soudain, avec sa pitié, embrasser un monde tout entier, se représenter des milliers et des millions de destinées avec toutes leurs douleurs, d'élargir à l'infini le cercle si brusquement assailli de ses sentiments émus. Mais c'est justement cela, néanmoins, qu'il faut encourager. L'enseignement le plus clair que nous tirerons de cette guerre, c'est l'incroyable capacité d'accroissement du sentiment et de l'exaltation collective. Dans les pays en guerre, ils sont des milliers, qui vivaient dans l'amitié et le bon voisinage de tous, à avoir dû soudain tirer de leur cœur une haine incandescente qui englobait des peuples, des nations tout entiers, la moitié de la terre, des ressources d'hostilité qui jusqu'alors ne gisaient qu'en germe au fond de ces gens paisibles ont jailli soudain et submergé leur être. Du jour au lendemain, l'aigreur s'est trouvée décuplée, centuplée, des peuples, des millions de personnes ont vécu une expansion soudaine de leur sentiment au-delà de ce qu'ils auraient pu imaginer. Mais proportionnellement à la manière dont les forces spirituelles de la haine se sont répandues dans les pays belligérants, il faut que s'amplifient et s'accroissent, dans les bienheureux pays qui ne sont pas contraints à la haine, ceux que nul n'outrage ni n'opprime, ces nobles sentiments que sont l'attachement et la fraternité : la pitié et la bonté compatissante. Ceux qui ne sont pas contraints à la haine ont une faculté d'aimer infinie, ceux auxquels on ne dérobe rien, avec quelle exubérance ils devraient donner ! Si notre monde veut conserver son équilibre, alors il faut opposer aux puissances de la division et de la haine, dans la même mesure, la force supérieure de la réconciliation et de l'amour, dans les pays en paix les âmes doivent s'ouvrir largement, jusqu'à englober de leur sentiment le monde dans sa totalité. Ils n'ont pas à choisir entre les souffrances des peuples en lutte, à faire des exceptions ou octroyer des passe-droits, leur devoir est de se montrer impartiaux en matière d'humanité et de préserver leur compassion de toute influence. Car aujourd'hui, une sympathie qui se restreindrait, qui se limiterait à la Belgique, serait d'un point de vue éthique nulle et sans valeur. Pour être véritablement humaine et pour satisfaire aux exigences de leur besoin de fraternité intime, celle-ci doit accroître sa portée et s'aviver profondément, jusqu'à pouvoir embrasser tous les pays, tous les peuples parmi lesquels la guerre cause aujourd'hui la souffrance, pour lesquels être secourable est une nécessité et être réconfortant, une obligation. L'empathie doit être aujourd'hui aussi infinie que la souffrance qui en est l'objet, étrangère à toute frontière et déployée sans limites, cette heure ne doit pas seulement être celle de la haine, mais celle aussi d'une bonté également démesurée, pour l'éternité.

Convalescence de la Galicie

Vienne, 31 août 1915

Inoubliable, l'heure où pour la première fois j'ai vu ce pays qu'aujourd'hui nous avons reconquis après l'avoir perdu, heure de sa convalescence après une période d'héroïque souffrance. Il m'avait souvent été donné de voir des pays et des villes traversant un moment d'élan et d'extase, des cortèges de fête pour des occasions de fête, la griserie de Strasbourg le jour où, pour la première fois, un zeppelin survola la cathédrale dans le grondement des canons, Venise pendant la guerre italo-turque[1], folle de rage au soir d'une victoire dont on avait gonflé l'ampleur, Paris durant le séjour du roi d'Angleterre, se gorgeant d'espoir de revanche, et Vienne elle-même, il y a un an, lorsque la déclaration de guerre fit éclater l'insupportable tension – mais toute joie, aussi tonitruante soit-elle, est peu de chose en comparaison de celle, encore incertaine, chancelante et pourtant mille fois plus inspirée, qui fleurit depuis la souffrance, qui éclôt des profondeurs les plus sombres du désespoir et du renoncement. Voici un pays tout entier, faible encore, et aux plaies encore ouvertes, exsangue, gourd et encore assommé par l'horreur, qui lutte pour se frayer un chemin vers la lumière, ici chaque ville, chaque village hisse le drapeau de l'espoir au-dessus des maisons criblées de balles et carbonisées, dans le regard de chacun ici luit un feu aux flammes encore hésitantes, reflet d'une joie encore lointaine, partout une énergie étouffée, réprimée, s'apprête à se mettre à l'ouvrage. Ce pays tout entier est comme un vaste champ qu'un orage aurait aplani d'un cinglant jet de grêle et où, au premier rayon du soleil, chaque tige, l'une après l'autre, se redresse en bruissant, pour reprendre sa floraison et faire mûrir ses fruits au-devant de l'avenir. Où que ma mission ici m'ait conduit, dans les campagnes comme dans les villes, partout, jusqu'aux champs de bataille encore incandescents, entre les ruines et les gravats, il y a une chose que j'ai ressentie plus que toutes dans ce pays reconquis : la confiance et la volonté de renaître.

Avant moi, quelqu'un d'autre était passé, la plus violente d'entre toutes, la guerre. Partout, quel que soit le chemin que l'on prenne ici, il avait aussi été le sien. Nul lieu, nulle ville, nul hameau, nulle bourgade, nulle prairie, nulle forêt de ce pays qui n'ait été piétiné par ses sabots d'airain, où son soc sanglant n'ait broyé et déchiré la chair florissante du peuple. Et puis elle y prit ses aises, des mois durant elle fit peser son fardeau intolérable sur le pays qui gémissait, jusqu'à ce que les incendies allumés par nos armées la débusquent et la forcent à regagner le pays d'où elle était venue, la terre russe. La voici loin à présent, si loin que sur le pays délivré son ombre ne retombe plus qu'à peine. Les coups métalliques de l'horloge du monde font désormais tonner d'autres heures, c'est au tour de Varsovie, Ivangorod, Brest-Litovsk de mesurer à présent l'éternité de la guerre, ici, seul le petit engrenage mystérieux de la campagne militaire continue de tourner, le mouvement mécanique, admirablement précis de la ligne d'approvisionnement, presque une œuvre de paix, infiniment exacerbée dans son énergie, sa détermination, sa puissance. Ce qu'à présent la Galicie voit encore de la guerre, ce n'est plus le visage barbare, ni les mains meurtrières, mais en quelque sorte sa musculature, sa tension nerveuse, la dimension intérieure, qui n'est pas moins grandiose, de son être. Le fardeau s'est volatilisé, le pire, le cauchemar russe – timidement, mais de plus en plus pleinement, avec une assurance toujours plus grande, le pays respire, inhale à pleins poumons l'air rassurant et protecteur qui le nourrit et l'anime.

Effroyables aussi, les balafres sanglantes que la guerre a infligées à ce Job d'entre les peuples. Beaucoup ont décrit les maisons mises à sac, les cratères de nos tirs de mortier, les trouées d'incendie laissées par le repli russe, le tourment et la détresse des hommes effrayés, déportés, qu'une tornade avait arrachés à leur toit et à leurs droits, beaucoup les ont décrits, et quiconque a parcouru ce chemin de croix ne saurait fermer son cœur à cette misère manifeste. Mais pour ma part, je ne peux que me remémorer ce qui, ici, a par-dessus tout forcé mon étonnement admiratif, ce qui a été pour moi l'expérience la plus profonde et la plus riche d'enseignements : le fait que même la chose la plus effroyable est impuissante face à la volonté créatrice d'un peuple, qu'au contraire, le feu et l'acier, la détresse et l'abattement ne font qu'embraser encore plus vivement et intensément l'énergie vitale de l'individu comme de la communauté. Car nulle part encore je n'ai aussi fortement ressenti la puissance de la vie, l'invincibilité de toute chose terrestre, qu'en cette pérégrination galicienne à travers les décombres et les cendres.

Ma route traverse des champs de bataille, comme chaque route ici. Dans ce pays il n'est nul besoin de les chercher – il est impossible d'y échapper. Ici, le combat fut partout. Il a avancé jusqu'au bord des voies du chemin de fer – de profonds cratères d'obus dans le sol en attestent –, il a submergé le remblai, laissé les flammes dévorer les bâtiments de la gare – leurs squelettes de pierre, vides, sinistres, se dressent le long du chemin –, broyé de ses mâchoires les ponts gigantesques dont pendent les articulations brisées. Il vous fixe de ses mille regards, depuis les pupilles noires que les mortiers ont brutalement creusées dans les maisons, depuis les brèches de ces rues dont les hauts bâtiments brisés ne forment plus qu'un petit amas de détritus. Où que l'on regarde, les tranchées tronçonnent les champs, les barbelés étendent à travers les forêts dévastées leurs toiles d'araignée métalliques, le long des voies, des wagons de chemin de fer calcinés, les roues en l'air, évoquent les cadavres de gigantesques scarabées. Et dans la terre, c'est une fleur étrange que le conflit a plantée, ici, là-bas, partout, en rangées, isolées, en nuées : la fleur cruciforme de la guerre. Elle est faite de bois, deux pieux qui se croisent et portent souvent, sur un écriteau, le nom du mort sur lequel ils veillent – les croix funéraires, un bataillon sans fin. Elles se dressent partout, au bord des rues et au milieu des prés, à l'ombre de la forêt et dans les dépressions des ruisseaux. Car où que l'on chemine, vers l'est et vers l'ouest, vers le sud et le nord, tout ici fut champ de bataille, la guerre fut ici partout.

Peu à peu, on apprend à lire en eux, les champs de bataille, comme en un livre ouvert. Les lignes dentelées des positions semblent tracer à même la nature vivante une écriture qui aurait retenu le passé, ils racontent la résistance et la tourmente, les croix funéraires, seules ou par grappes, en disent le prix. On voit comment les obus ont progressé à tâtons, de plus en plus près, jusqu'à finir par trouver la position et la pilonner; on voit comment l'ennemi s'est de nouveau regroupé pour résister dans de nouvelles positions préparées en repli, les caractères gothiques ou cyrilliques sur les boîtes de conserve, sur les lambeaux de journaux éparpillés nous apprennent s'il s'agissait d'une position des nôtres ou alors de l'ennemi, ainsi des particules de hasard révèlent-elles les heures fatidiques de l'histoire du monde. Et sur le visage balafré, lacéré, tailladé, supplicié de la terre sont encore inscrits l'étendue de la souffrance, l'effort et le supplice des hommes.

Mais, miracle : ici, à Grodek ou près de Lemberg[2], a eu lieu une boucherie sans précédent, une lutte à mort entre des nations tout entières, et la nature, cette indifférente, l'a oublié. Il y a quelques mois encore, il y a encore une semaine peut-être, le sang, le sang le plus noble affluait dans les veines brunes de la terre, insatiablement son vorace gosier engloutissait un mort après l'autre, et pas un instant le champ n'a interrompu sa sombre besogne. Les champs de bataille – et c'est une impression indescriptible, tout à la fois affreuse et réconfortante – continuent de fleurir, ils mûrissent et prospèrent, entre les fortins pris d'assaut déferlent, dorés et tendres, les blés exubérants. Voici la destruction déjà recouverte, et plus encore : la nature, qui s'affaire sans relâche, se l'est rendue exploitable. Un cratère d'obus, gigantesque, que la pluie a transformé en mare, sert aujourd'hui d'abreuvoir, j'ai vu un garçon de ferme y étriller les chevaux, comme s'il avait fait cela de toute éternité. Dans l'abri de béton, frais et sec, un autre a entassé les gerbes fauchées, une tranchée datant de l'année écoulée, de la première bataille de Grodek, a déjà été aplanie et transformée en un paisible chemin de campagne. Les coquelicots recouvrent les abris fracassés et les barbelés comme des bourgeons de sang : avec toute l'énergie d'une activité secrète et incessante, du nivellement souterrain de sa surface, la terre absorbe toutes les irrégularités, détruisant la destruction. Patiemment occupée à créer, elle transforme de nouveau le malheur en fertilité, irrévocablement, et même les croix accusatrices qui écartent encore leurs bras de bois sont appelées à s'enfoncer dans l'oubli. Comme un jeu, la vie saine, l'énergie créatrice ont raison de toutes les blessures et les cicatrices : rien ne peut entraver le flux souterrain de la floraison, l'énergie de la semence qu'ont bénie le soleil et la terre. La mort et la vie, le destin et l'histoire sont ici submergés par les blés, par le pain qui mûrit.

Dans ce symbole du champ de bataille, merveilleusement inattendu, j'ai senti pour la première fois ce que cent signes m'ont par la suite permis ici de vérifier : le renouveau est plus fort que l'anéantissement, l'énergie créatrice de la paix, encore plus puissante que celle, meurtrière, de la guerre.

Ce que la nature est la première et la plus insistante à révéler, le travail de l'homme le révèle une nouvelle fois. Induit en erreur par l'éloignement, je m'étais attendu à trouver ici tous les ouvrages techniques de la paix réduits en poussière, le réseau ferré mis en pièces comme toile d'araignée, les digues dynamitées, les ponts écroulés dans l'eau, les gares dévastées par les flammes, la vie éteinte et paralysée. Et en effet, les bâtiments du chemin de fer sont carbonisés, leurs fenêtres noires évoquent les yeux enfoncés d'un affreux néant, les ponts métalliques gisent dans l'onde trouble et argileuse, comme brisés en leur milieu par le poing d'un géant, les châteaux d'eau ont éclaté et se sont vidés, les secteurs administratifs semblent s'être effondrés – toutes les artères de circulation paraissent entravées, dynamitées, anéanties à jamais. Mais pourtant : le rythme de leur mouvement n'est aucunement entravé. Les trains circulent avec la prudence des malades qui hésitent encore à se mouvoir, mais ils circulent, l'un après l'autre, par centaines, tous remplis de passagers et du ballast précieux de la guerre. Ils circulent, jour et nuit sur les rails fraîchement réassemblés, aiguillés par le message des fils télégraphiques que l'on a remontés. Ce qu'une heure avait détruit, la suivante l'a déjà reconstruit. De nouveaux ponts ont été bâtis par-dessus les rivières, dont le bois frais est encore luisant. Comme par enchantement ils ont été construits à côté des poutrelles mises à bas, mais la volonté et l'ingéniosité les ont dotés d'épaules leur permettant de supporter sans trembler le plus pesant fardeau. Des cabanes de planches ont surgi de terre, où aboutit le porte-voix du téléphone, des postes d'aiguillage semblent avoir été improvisés du jour au lendemain – là aussi, la force est d'avoir surmonté la destruction de la guerre par une action créatrice.

Ici seulement l'on prend conscience de l'étrange double visage de la guerre. Sur les traces du destructeur, le reconstructeur progresse pas à pas comme le semeur derrière le soc tranchant.

Derrière les milliers d'hommes dont l'action consiste à démolir, à anéantir la vie et la culture, s'activent – invisibles au regard distant qui ne considère que l'héroïsme – les légions innombrables de ceux qui rénovent et préservent. Gloire, ô gloire aussi à eux qui ici s'activent en silence, les infatigables pionniers qui des heures durant, dans l'eau glacée, parmi les roseaux et les marécages, transportent les poutres, redressent les piles endommagées, gloire aux médecins des routes et des voies, ceux qui pansent toutes les veines déchirées, gloire aux héros silencieux des locomotives, les premiers à éprouver la lourde pression des trains sur une structure chancelante. Gloire à tous ceux qui créent un ordre nouveau dans le chaos barbare de la guerre ! Il est admirable de voir leur volonté triompher de toutes les difficultés, et cette force-là est consolante, parce qu'elle montre que même l'anéantissement réclame sa loi, que la destruction appelle la rénovation et la guerre, la consolidation de la paix. Derrière le monde déchaîné du champ de bataille, ils reconstruisent l'ordre ancien, et nulle part on n'éprouve plus fortement le triomphe de la technique et de la culture que trente kilomètres derrière la faucille sanglante du meurtre. La guerre, ce déchaînement, est assujettie au plus sérieux labeur quotidien, et son cours se briserait, elle s'effondrerait sur elle-même, assoiffée et affamée, si la régénérescence ne succédait à sa destruction, la volonté que la nature a de vivre, une volonté faite homme.

Le paysage le montre, le travail des hommes le montre à nouveau tout comme chaque chose animée ou inanimée : il est bien difficile de détruire, de transformer quelque chose en néant. Ce qui a une fois été façonné possède en soi une énergie vitale qui, inconsciemment, lutte contre l'anéantissement et en vient à bout. Mille exemples différents, ici, me l'ont appris. Une locomotive stationne, abandonnée, sur une voie secondaire. Quatre heures durant, les Russes en fuite se sont déchaînés sur elle afin de la détruire. La chaudière a éclaté, les soupapes ont été brisées à coups de crochet, on essaie par tous les moyens de la rendre inutilisable et pourtant – trois semaines, dit l'ingénieur qui l'examine, et elle sera de nouveau en état. Dans le convoi sanitaire gît un blessé, respirant avec difficulté : son poumon a été perforé ; de sa bouche entrouverte, il expire l'air en sifflant, il a le pied brisé, quatre blessures en tout sur le corps, le malheureux, et pourtant – il vivra, il retrouvera la santé, dit le médecin, pleinement confiant. Voici la gare de Lemberg : quatre jours durant, les Russes ont placé des détonateurs et préparé la flamme. Et pourtant : le portail, les hautes voûtes étaient plus forts que la lyddite et la dynamite et six jours plus tard, des milliers de trains circulaient sur les voies remises à neuf. Voici Przemyśl, la ville qui est restée pendant des mois sous les météores de feu des projectiles, harcelée, abandonnée, harcelée, conquise – et pourtant : de la vie bien vivante déferle par ses rues et ses cafés, non loin du fort où ils furent des dizaines de milliers à trouver la mort, un enfant dans un hamac se balance en riant, et des colombes amoureuses roucoulent sur un toit guipé de lierre.

Et c'est alors que l'on réalise, avec soulagement, combien il est difficile de détruire un pays entier, d'exterminer un peuple, on le réalise avec un plaisir qui, l'espace d'une seconde – mais une seconde seulement ! – vous réconcilie avec la guerre. Et l'on sait que ce qui a été anéanti ici, en Galicie, sera reconstruit, et l'on devine déjà, gonflant timidement, toute la joie d'un peuple qui, aux heures les plus terribles, éprouve déjà cette autre heure, bien plus belle : la première neige de la résurrection.

C'est dans les villes qu'est le plus manifeste cette manière dont la joie, portée par un sang rouge vif, revient immédiatement jaillir, du jour au lendemain, depuis la sécurité de la vie, depuis la guérison des sentiments. Ils sont encore comme titubants devant la lumière de la libération qui dégringole sur eux si subitement, le pouls de l'activité économique ne bat pas encore à plein régime : trop de citoyens sont encore en fuite, trop d'entre eux ont été déportés, trop de forces laborieuses et actives sont encore en guerre. Mais déjà les stores de la plupart des boutiques, si longtemps clos, se sont relevés en cliquetant, le cycle du commerce et de l'échange reprend son cours. Partout on entend marteler et créer, même les boutiques mises à sac se remplissent de nouveau de marchandises, l'armée rend de multiples services et, en compensation de tous les travailleurs qu'elle a dérobés à la ville, la guerre lui en a prêté de nouveaux : des silhouettes brunes et nerveuses dont le visage étranger est surmonté d'une casquette en assiette, les prisonniers russes, qui doivent ici, par milliers, rebâtir ce que leurs frères ou eux-mêmes ont détruit. On les voit partout : dans les rues en train de concasser du gravier, sur les voies en train de consolider les bâtiments, ils construisent des baraquements, balaient les rues – pour des milliers et milliers de bras au travail, l'administration du pays en a prêté d'autres au pays, et ceux-là mêmes qui devaient l'anéantir construisent maintenant en terre autrichienne.

Partout règnent la vie et le mouvement. Le soir, à Lemberg, c'est un véritable cortège d'élégance qui déferle le long de la Karl-Ludwig-Strasse, folâtrant, bonheur de regarder les autres, de se regarder soi-même. On a toujours besoin de se répéter qu'ici, il y a quelques jours encore, les sabres des officiers russes cliquetaient sur le pavé, que toutes les boutiques étaient closes dont les vitrines montrent à présent, dans un tourbillon de fanions, les images des deux monarques alliés – que toute cette vie a jailli en quelques heures du bourgeon de la liberté. À la gaieté des gens, à leur assurance, on peut mesurer leur peur, qui ces derniers jours avait atteint son paroxysme. De Grodek au loin, ils entendaient les canons tonner, la nuit, les explosions des gares faisaient voler les fenêtres en éclats, nul ne savait si les Russes n'avaient pas l'intention de laisser un brandon d'adieu danser, depuis Lemberg, à travers tout le pays. Les plus en vue s'attendaient à être raflés et pris en otage d'une heure à l'autre, chacun, en traversant la rue, savait qu'il pouvait être réquisitionné pour des travaux de retranchement. Des jours durant, ils se terraient à l'intérieur de leurs maisons, osant à peine respirer, 250000 personnes voyaient leur joie de vivre réprimée. Et ce n'est qu'ainsi qu'il est possible d'expliquer ces extraordinaires explosions de joie qui – on le décrira encore souvent – éclataient à la rencontre de nos patrouilles entrant dans la ville, les bombardant sur des kilomètres de fleurs et de clameurs d'allégresse –, ainsi la ville entière tremblait et sa voix, en ces moments, couvrait le tonnerre des canons tout proches. Cette extase a désormais cédé la place à une sereine assurance, elle s'est muée en vitalité créatrice, en une joie industrieuse. Fervente, impatiente, partout l'on sent cette activité, et rarement dans une ville j'ai éprouvé le désir de vivre et de créer autant qu'à Lemberg en ces journées.

Dans les villes de moindre importance, ce rythme puissant, naturellement, s'atténue. La guerre les a plus profondément affectées, car leur être est plus découvert ; dans beaucoup, elle a fait irruption avec des obus, là où Lemberg ne la sentait qu'extérieurement, dans le renversement des fortifications, et non dans son cœur vivant. Tarnow, Rzeszow, Jaroslaw, Debica, Sanok, Stryj, Sambor, Boryslaw – toutes, elle les a toutes marquées des stigmates du feu, partout elle a apposé au fer rouge son noir emblème, pour qu'elles se rappellent et qu'elles lui soient dociles. Mais nulle part elle n'a réussi à annihiler réellement l'une de ces localités – pas même Grodek, la plus disputée. Partout la volonté s'agite, l'ordre se forme, partout se fait jour le sentiment soulagé de se réveiller d'un mauvais rêve. Oh, comme elle se fait ici partout sentir, la brûlante impatience du convalescent d'être déjà en parfaite santé, à nouveau actif et fort, à nouveau satisfait de sa propre action – elle illumine de l'intérieur chaque individu, son signal vous salue depuis chaque maison. Presque partout ici, les drapeaux se déploient aux façades, noir-jaune, blanc-rouge, drapeaux déployés comme des flammes de joie. Ce ne sont pas seulement les bâtiments publics qui sont ainsi parés, même dans les plus petits magasins brille un quelconque emblème d'allégresse, ici, même la plus profonde pauvreté, la destruction, arborent le fanion de l'espérance. Ému, j'ai vu une maison détruite par le feu, aux murs nus et carbonisés à moitié effondrés. Mais un drapeau flottait pourtant, dansant, sur son sommet, ample flamme battue par le vent. Cette vision m'est apparue comme le symbole de tout le pays, car la Galicie est elle-même aujourd'hui cette maison dévastée et criblée de balles, mais le drapeau déployé de l'espoir flotte à son sommet.

Pour guérir tout à fait, ce pays a encore besoin de beaucoup de choses, du temps, avant tout, qui soigne les blessures, de paix, ultime garante de toute prospérité, il a besoin de l'argent, agent le plus puissant de toute activité, et il a besoin de ses habitants. Trop d'entre eux lui sont encore dérobés par l'ennemi, par l'armée et par l'exode, pour pouvoir cultiver tout ce qui a été abandonné, rénover ce qui a été anéanti, son organisme est exsangue, chétif, et rempli de la soif de l'action plus que de l'action elle-même. Ses habitants l'ont déserté – on le sent dans les villes, où beaucoup de maisons vous fixent de leurs fenêtres vides, où beaucoup de boutiques sont condamnées et où le flux de la rue ne fait que suinter timidement – ranimé, il faut bien le dire, par le flot vert-de-gris des soldats, rouage neuf, étranger, au milieu de ses propres rouages. Mais les maisons elles-mêmes, les villes sont comme abandonnées, elles pleurent les fugitifs, leurs enfants.

La patrie veut retrouver ses fugitifs, pour pouvoir vivre, et les fugitifs veulent leur patrie. Ici, à Vienne, à la Nordbahnhof, on sent déjà comme ils se pressent, hommes, femmes, enfants, pour rentrer chez eux, pour retrouver leurs biens, leur place, leur monde. Condamnés à l'inactivité, abandonnés à la charité, ils veulent retourner à la vie réelle. On ne les oublie jamais quand on a été témoin de leur arrivée, quand on a vu les parents, les amis, la terre natale qui les attendent dans les gares dévastées, quand on a vu les gares, la nuit, s'emplir ici de cris et de sanglots – à moitié comiques et pourtant profondément tragiques –, quand on a vu les revenants se précipiter pour aller constater, un bref instant, l'ampleur de la destruction. En un clin d'œil, on entasse les meubles, la famille sur une charrette, et il faut que le cheval sente l'impatience sous le fouet. Cela ne dure qu'une heure, vécue ici dix mille fois, partout et chaque jour, une petite heure d'ultime tension. Mais le jour suivant, on voit les mêmes, auxquels la veille on ne pouvait refuser un sourire, déjà admirablement concentrés sur leur activité. À coups de marteau, l'homme fixe de nouveaux montants sur la porte cabossée, les femmes balaient les pièces, les enfants aident, le rythme du travail résonne, clair et industrieux, dans leurs gestes. Ils sont des milliers et des milliers à créer ainsi, là-bas, leur propre foyer, leur ancien monde, mais tous, inconsciemment, font œuvre commune, en rebâtissant le pays anéanti. Une tâche aussi formidable ne s'accomplit pas du jour au lendemain, mais à peine la guerre finie, le travail a déjà commencé, dans l'ombre de celle-ci en quelque sorte, et quiconque a été témoin de cette activité le sait : ce pays ressuscitera, plus fort et plus beau qu'il ne l'a jamais été. Car jamais ici la volonté d'œuvrer n'a été aussi forte qu'à présent. Seul l'anéantissement enseigne la valeur de ce qui existe, peut-être l'invasion était-elle nécessaire pour démontrer aux citoyens de toutes races, ici, quelle est leur véritable appartenance ; ce n'est que devant la démence de la domination russe qu'ils se découvrent autrichiens, et le travail qu'ils produisent sert désormais à cet ensemble, fortifie et fonde la république nouvelle.

C'est encore la grande obscurité qui précède le jour, ici, et l'on aperçoit à peine une timide lueur de l'aurore flamboyante, mais ce pressentiment de la chaleur de la vie en devenir est admirable. D'autres n'ont peut-être ressenti ici que la grisaille de la destruction, mais pour ma part, j'ai pris de plus en plus fortement conscience, en ces lieux, que dans la profondeur de la souffrance habite certaine force de vie qui n'est comparable à rien d'autre sur Terre, une ivresse de la reconstruction, une intensification de la volonté intérieure qui ne connaît pas la journée ordinaire. Je croyais que rien ne pouvait dépasser en puissance la guerre, mais j'ai bientôt senti que l'énergie qui en vient à bout est plus puissante encore. Nulle part ailleurs qu'à ce carrefour de toutes les souffrances qu'est la Galicie on n'éprouve plus fortement la force victorieuse de la vie, car ce pays qui, tel un Winkelried[3], a attiré sur lui toutes les lances dirigées contre l'empire, ce pays continue à vivre, ensanglanté et chancelant, et il sait la valeur de toute vie. Cinquante kilomètres derrière la guerre, ces villes libérées éprouvent déjà la béatitude du réveil qui succède à un méchant cauchemar, cette ivresse sublime de la libération que notre pays, que l'Europe tout entière sentiront bientôt, lorsque les combattants auront laissé choir leurs armes et que la discorde des nations se sera résolue dans la paix, comme un orage dans le bleu pur d'un ciel bienheureux. C'est un reflet que la joie pure, respirant à pleins poumons, que la fin nous offrira à tous, la résurrection pascale d'un monde crucifié, et nulle part la prescience du sentiment d'appartenance à l'humanité que nous éprouverons bientôt, une fois la paix revenue, n'a résonné en moi avec autant de force qu'ici, au cœur du pays de la guerre, dans la Galicie libérée.

Les jours de l'offensive allemande en Galicie

Stuttgart, 1er octobre 1915

Lemberg était tombée, et Vienne avait appris la nouvelle au cours d'une soirée inoubliable. De maison en maison, les drapeaux flottaient, les gens s'apostrophaient, et le soir, sur la Ringstrasse, des dizaines de milliers de personnes formèrent une masse formidable, ce soir-là la ville tout entière n'était que fulgurance et incandescence. Un peuple enthousiaste sentait le grondement de la victoire vibrer formidablement à travers tout le pays et sentait, avec bonheur et incertitude, que celui-ci n'était pas encore prêt à sombrer, fatigué et las, mais au contraire continuait à planer, plus haut et plus loin, au-dessus du vaste monde.

Peu après ces journées, mandaté par les Archives impériales et royales de la guerre, on m'envoya en Galicie, et mon impatience me rendit le trajet interminable. Je n'étais jamais allé dans cette province de la Couronne et j'étais rongé intérieurement à l'idée de troquer ces noms gravés en chacun de nous par le tribunal de la guerre et les victoires, Tarnów, Gorlice, Grodek, Przemyśl, Lemberg, contre quelque chose de vivant, une vision animée et réelle. J'avais quitté Vienne de nuit dans un train militaire qui retentissait de rires et de chants, et dès le petit matin, un monde étranger s'offrait à nos yeux. Une campagne déserte et plate, mais belle, pleine d'un ondoiement de champs de blé mûr, une lumière d'été qui semblait avoir tout oublié du combat et de la misère. Lentement, le train continua, après Cracovie, à travers la plaine de Galicie, lentement, bien trop lentement pour mon impatience. Mais – cela se fit bientôt sentir – chaque lieue, chaque kilomètre, chaque pas s'enfonçait plus avant dans l'effrayant sillon de la guerre, les ponts métalliques déchiquetés évoquaient des toiles d'araignée, effondrés dans les eaux boueuses de la Wislocka, du San et de tous ces autres cours d'eau dont les noms, jadis distraitement appris à l'école, prenaient désormais, au moment de l'épreuve de vérité, une aura mystérieuse, épique et presque mythique. Plus le cœur désirait aller de l'avant, se rapprocher du front et des avant-postes du combat, plus le train allait lentement. À chaque gare – plutôt le squelette, le cadavre calciné et aveugle d'un bâtiment qui avait été une gare –, il nous fallait faire halte durant des heures et des heures. On n'avançait pas. Toujours il y avait des trains devant nous, derrière nous, à côté de nous, nous n'étions qu'un simple maillon dans une chaîne formidable qui s'enroulait et se déroulait avec la lenteur d'un *Pater noster*, en un infini et patient voyage. Nous dûmes souvent stationner pendant plusieurs heures dans certaines gares, et lorsque j'interrogeais les officiers qui nous accompagnaient, ceux-ci souriaient. Dans leur sourire il y avait un secret, mais un secret joyeux et lumineux, qui rendait heureux même celui qui ne le devinait pas.

On avait toujours des voisins dans les gares. À l'emplacement de notre train, il y en avait d'autres qui attendaient, transportant des troupes bigarrées, d'Allemagne, d'Autriche ou de Hongrie. Toujours, lorsque nous allions et venions, surgissait un salut, une brève et bruyante explosion d'allégresse. « Salut la Bavière », « Hourra pour les Autrichiens ! » Cela exultait, cela jubilait, cela plaisantait. Un train venait à nouveau d'entrer en gare, interminablement long, cinquante ou soixante wagons. Sur ceux qui étaient découverts s'alignaient, astiqués de près et pimpants comme des jouets sortis de la boîte d'un enfant géant, les canons de campagne, dans les wagons fermés s'impatientaient les chevaux, trépignant et piaffant, par les portes coulissantes on voyait, assise, décorée de feuillage frais, la cavalerie allemande. « D'où venez-vous, camarades ? » leur lança quelqu'un. « De France, cria-t-on en retour. Voilà cinq jours qu'on est partis, on est repassés par l'Allemagne, on a senti le pays. Maintenant, on va régler son compte à Nicolas ! » D'une fenêtre à l'autre, c'était un constant va-et-vient de saluts, de récits, de plaisanteries, un vivant échange, joie contre joie, courage contre courage, puis on entendit un sifflement, et l'un des trains avança, pour bientôt s'arrêter à la gare suivante, de nouveau, pendant des heures et des heures. De nouveau l'artillerie était là, de nouveau les mêmes questions : « D'où venez-vous, camarades ? » « De Hongrie », répondirent-ils, et de nous raconter le brûlant pays étranger. Les uns venaient de Hongrie, les autres de France, et sur les trains figurait l'inscription : Bruges, Courtrai ou Ypres, et tout à coup on mesure l'ampleur de toute cette guerre, la manière dont les Allemands sillonnent l'interminable morceau de monde où ils luttent et triomphent, et de nouveau des trains, des trains, des trains, chargés de pontons d'un bois frais, clair et odorant. À cette vue les officiers sourirent de nouveau et cognèrent gentiment le bois. « Des pontons, c'est bon signe », dirent-ils. Les autres sourirent en retour. « L'immobilité n'a que trop duré. Maintenant, on y va. »

Ils y allèrent. Nous sentions tous que quelque chose se préparait ici, quelque chose de formidable, qu'une inépuisable marée humaine s'amassait ici avant de s'abattre sur le monde ennemi. La nuit à J., où nous avions fini par arriver et cherchions le sommeil dans une chambre étouffante et étroite après quarante heures de voyage, un vrombissement se fait soudain entendre. Sautant de mon lit, je me précipite à la fenêtre. En contrebas roule quelque chose d'énorme, comme des éléphants, des monstres recouverts d'une toile épaisse. Mais derrière cette masse informe nous n'eûmes aucun mal à reconnaître des mortiers. Lourds et menaçants, ils roulaient et résonnaient comme un orage à travers les rues, vers le nord. Alors que je regagnais mon lit à tâtons, on perçut un autre son plus clair, plus léger, comme le martèlement de baguettes sur un xylophone : cavalerie, cavalerie, cavalerie. Ils arrivaient déjà, quatre colonnes, les fanions au bout des hampes, au pas et au trot, comme s'ils allaient à la parade. La nuit tout entière ne fut que va-et-vient, comme dans un moulin ça ne cessait de rouler et de se ruer vers l'avant, toujours bruissant et bruissant d'un mouvement perpétuel. La piétaille, les cavaliers, l'infanterie et le train. Cela roulait et roulait jusque dans notre sommeil, et l'on se sentait soi-même glisser, comme en rêve, dans cette puissante marée.

Et le jour suivant, de nouveau, sur les rails et sur les routes, partout et toujours, la même chose. Toujours de nouveaux trains, longs et lents, tellement chargés d'armes qu'ils en paraissent engourdis et d'où pourtant émanent des sons d'une certaine allégresse, une formidable caravane qui avançait sur les rails luisants au-devant d'un but. De toute part on se pressait vers l'avant, arrivant et affluant en un même mouvement; une force immense semblait se réunir pour l'assaut. Toute la nuit durant, puis le jour. On s'asseyait avec les soldats, pressés les uns contre les autres dans les étroits compartiments; sous la petite lampe à huile vacillante, ils sortaient leurs cartes, observaient où ils se trouvaient, et donnaient au paysage étranger qui se déroulait dehors, fumant dans la nuit de juillet, un nom et une mémoire. Si personne ne montrait d'impatience, tout le monde était habité par une attente, tous nous sentions qu'une chose formidable était en train de commencer à laquelle l'histoire serait chargée d'attribuer un nom, que même eux, gouttelettes ignorantes, faisaient partie de cette force énorme qui, s'abattant sur elles, faisait sauter les digues russes. Nuits inoubliables, dans les coins un dormeur bancal s'appuyait sur son voisin, d'autres au milieu racontaient des histoires de patrie et de guerre, du compartiment voisin piaulait un harmonica et quelque part, à l'autre bout du train, un chant lui répondait. Que d'émotion à l'écoute de tous ces chants, en allemand, hongrois ou croate, entonnés ici en terre étrangère, pour personne et tout le monde, pour sentir la patrie cheminer auprès de soi à travers ce pays étranger et inconnu.

Puis est arrivée une gare, une ville, le train s'y arrêta, les soldats sortirent en enjambant les marchepieds, tout fut briqué et nettoyé, les fusils mis en faisceau. Quelques commandos, puis des rangs se formèrent, et on marcha en avant, en avant. Une colonne dans une rue étrangère, bientôt plus qu'un nuage de poussière et bientôt plus rien qu'un souvenir. Mais déjà un nouveau train arrivait à quai. Des prisonniers russes durent aider à sortir promptement les pièces d'artillerie, les chevaux descendirent d'un pas lourd, gambadèrent un peu alentour comme s'ils voulaient éprouver leurs membres, puis on les attela et la colonne continua sa route, suivant les autres, en avant, en avant vers l'inconnu.

C'était partout la même chose : dans les cinquante, les cent gares que j'ai vues, dans chaque ville, chaque village et chaque rue, cette ruée en avant dans une même direction. On se sentait mystérieusement entraîné. C'était comme si ce chemin ne pouvait aller que vers l'avant et non plus en arrière, et l'on devait retenir son cœur pour l'empêcher d'attirer quelqu'un d'autre dans ce mystère que l'on sentait et éprouvait de manière de plus en plus vive à mesure qu'il se dérobait à la parole. Mais je devais continuer jusqu'à Lemberg, cette ville où palpitait une vie autonome dans des cercles domestiques, mais à l'intérieur de moi demeurait le train mystérieux, l'insistante question.

Et soudain, huit jours plus tard, ce glorieux mystère que j'avais vécu possédait un nom, et appartenait au monde. L'avancée avait démarré après Varsovie et Ivangorod[1], et ceux qui, là, défilaient dans la rue, d'un endroit à l'autre, étaient allés plus loin encore, jusqu'au fond de la république moscovite. Les mortiers dont j'avais vu la bouche bandée avaient parlé, les cavaliers avaient chargé, s'étaient repliés, les pontons avaient enjambé la Vistule, tout ce que nous avions vu alors aller et venir avait sans le savoir obéi à un projet invisible, que tous nous avions ressenti dans le respect comme le dieu d'un temps supérieur. Et lorsque, ensuite, l'horloge du monde fit résonner ses coups lourds – Varsovie, Ivangorod, Brest-Litovsk –, je songeai avec émotion au coffret merveilleux où j'avais pu plonger mon regard, à chacun des rouages humains qui, dent après dent, pas à pas, avait suivi son grandiose chemin – et rétrospectivement, je reconnus ce que j'avais vécu et qu'à présent je ressens avec deux fois plus de force, depuis que j'en connais le nom et en comprends le sens.

Le Feu

Vienne, 8 juillet 1917

Faire confiance au succès de l'heure, fruit du plus grand des hasards, est dangereux, mais le négliger le serait tout autant. Chaque action a au moins l'avantage de laisser reconnaître sa cause, et rien que par sa seule existence, un succès sensationnel exprime toujours un fait immatériel : un quelconque besoin moral qu'il vient combler, une question informulée à laquelle il vient répondre, un climat national qu'il vient exprimer. Symboles visibles et sensibles des transformations morales, les grands succès sont ainsi inestimables pour diagnostiquer la psychologie d'une époque, et mieux que dans tous les documents et les témoignages, c'est dans les chiffres de tirage et de ventes annuelles des livres à succès que les générations futures pourront un jour lire la température de l'Europe et toutes ses fluctuations au cours des trois années de guerre. Mais dès aujourd'hui, pour la connaissance du temps, et même comme expédient politique, il ne devrait pas nous être indifférent de considérer la constitution morale du livre à succès qui, dans la tempête, a pour ainsi dire culbuté tous les autres livres de guerre en France actuellement, car c'est dans les hommes représentatifs d'une nation que se discerne le mieux un pays, et dans les succès d'une époque, cette époque elle-même. De même que le *Contrat social* de Rousseau, *Werther* de Goethe, *Pères et fils* de Tourgueniev concentraient en un pressentiment prophétique la révolution, le romantisme ou le nihilisme, *Le Feu* d'Henri Barbusse annonce la conscience française d'aujourd'hui et, peut-être, la fraternisation européenne de demain. On ne peut, on ne doit pas négliger chez nous que le livre de guerre qui connaît aujourd'hui le plus grand succès en France est un livre passionnément pacifiste.

Henri Barbusse – l'homme de culture ne doit pas avoir honte de n'avoir jamais entendu ce nom jusque-là, même celui qui pensait connaître en profondeur la littérature française. Dans les petits cénacles parisiens, on connaissait le jeune poète comme le gendre de Catulle Mendès, un peu aussi par des vers et un roman, *L'Enfer*, qui trahissaient son talent. Mais ce mot de «talent», qui jadis à Rome et en Grèce avait la valeur d'un lingot d'or, comme il a été aujourd'hui discrédité et galvaudé ! Si un obus allemand avait, à Crouy ou Souchez, déchiqueté le soldat d'infanterie Barbusse plutôt que son voisin, la petite bulle de sa réputation se serait aussitôt flétrie. Ses camarades de combat auraient répandu quelques poignées de terre sur son corps, les journaux, quelques lignes sur sa mémoire, et l'un des plus puissants hérauts de notre temps aurait (comme tant d'autres dont nous ignorons les noms et les œuvres) disparu sans laisser de trace, broyé dans le gigantesque mortier de l'anéantissement. Mais aujourd'hui, six mois à peine après sa parution, ce livre, *Le Feu,* porte déjà sur sa couverture cet étonnant bandeau : « Cent mille exemplaires ». Et une jeunesse de France, et même, bien au-delà, du monde tout entier, voit en Henri Barbusse le porte-parole providentiel de son sentiment le plus intime.

Ce livre au succès mondial, qu'une énergie explosive a propulsé, comme aucun autre livre français depuis *Nana*, dans notre temps, est-ce un roman ? On serait presque porté à dire : le contraire d'un roman. Car le propre du roman est bien d'être un travail d'invention, un produit de l'imagination, la vie métamorphosée, intensifiée, transformée – « fiction » est le nom dont la précise langue anglaise qualifie toute prose artistique –, or, la valeur de ce livre tient en premier lieu à sa non-invention, sa véracité, sa précision nues et immédiates. Barbusse n'essaie pas de rendre le sang plus rose, ni de travestir la guerre en un brillant jeu d'enfants, les événements tragiques, il se refuse à les exagérer au moyen du pathos patriotique comme à les minimiser grâce au célèbre humour de tranchées, cet humour que manient avec tant d'insistance ceux qui sont restés à l'arrière. Il ne cherche pas à faire de la poésie, à rendre harmonieuse l'absurdité, il décrit la vie et, plus encore que celle-ci, la mort à la guerre, l'existence des poilus français dans la crasse et le feu, les cieux démoniaques, l'enfer terrestre.

Vienne, 8 juillet 1917

Un journal de guerre donc, un parmi des milliers, ni le premier, ni certainement le dernier, journal de notre monde déchiré en deux. Pourquoi celui-ci précisément touche-t-il tellement juste au cœur du sentiment général de l'humanité, pourquoi parvient-il, à la manière d'un drame antique, à la fois avec une horreur infinie et avec cette excitation mystérieuse, belle et effrayante, qui comprime la poitrine, à élever l'infamie au rang de tragédie, l'insensé au rang de symbole, la douleur nue en bouleversement moral ? Pourquoi ce livre parmi d'autres, à ce point, et dans le monde entier ? Il est toujours difficile, s'agissant d'une grande œuvre d'art, de déterminer la forme homogène de l'effet qu'il produit, car sa force agissante cristallise une infinité de forces souterraines, mais je crois qu'ici, la valeur inoubliable de l'œuvre repose avant tout sur son optique singulière, sa double perspective : celle, d'une part, de Barbusse le soldat, parlant depuis les tréfonds de la détresse humaine, l'antre sourd des tranchées, et de l'autre, celle de Barbusse le poète universel, à une hauteur morale et humaine d'une infinie liberté. Celui qui regarde et qui souffre est un atome perdu dans un chaos de millions d'autres auquel pourtant sa liberté d'esprit lui permet en même temps de s'arracher, cette liberté qui pas un instant, même dans cet enfer de haine, cette boucherie sur ordonnance, n'abdique sa faculté d'aimer et de pardonner. C'est pourquoi son livre s'avère aussi magistral au plan artistique qu'en matière d'humanité.

La pure technique littéraire est déjà en elle-même, dans *Le Feu*, tout à fait inédite et personnelle.

Nul destin individuel ici, rien qu'une expérience collective. Il ne représente pas le carnet d'un soldat isolé, mais le *journal d'une escouade**, l'épreuve d'un groupe, le destin de sa section d'infanterie. Entre les deux possibilités qui s'offraient jusqu'à présent à la représentation poétique, celle de l'extérieur ou de l'intérieur, l'objective ou la subjective, Barbusse a ici choisi la troisième : la collective. La guerre n'est pas vue, comme chez Tolstoï, avec une insistance omniprésente, simultanément sous toutes ses formes, depuis tous ses étages, la chambre du général, les appartements de l'empereur, l'âme du paysan ou celle de l'officier, sous l'horizon infini de l'histoire du monde; elle n'est pas vue pour autant non plus, comme chez Liliencron ou Stendhal, uniquement du point de vue particulier, depuis le champ de vision personnel. Ici, le moi qui éprouve, le moi qui regarde est décuplé en une unité nouvelle, ici, ce n'est pas l'individu qui parle et qui décrit, mais la communauté de ces dix-sept camarades qui, au fil de ces cent semaines passées à souffrir ensemble dans ce brasier, s'est fondue en une unité exceptionnelle. C'est la section d'infanterie, plus petite unité militaire de la guerre mondiale, qui dans le livre raconte la guerre titanesque.

De Barbusse lui-même, le poète, on ne perçoit d'abord nullement la présence. Il n'est en quelque sorte que le pavillon du gramophone dans lequel ces dix-sept voix parlent et pleurent, l'auditeur et le

* En français dans le texte.

témoin anonyme de leur malheur, il est anonyme comme l'est le peintre devant la toile qu'il remplit, depuis l'extérieur, de la part la plus intime de son être. Dissous dans la fraternelle communauté, il n'est plus rien qu'il vive isolément et personnellement, mais ce qu'il vit, il le vit avec dix-sept âmes. Il est celui qui écoute et par conséquent celui qui se tait, il laisse les voix qui l'entourent parler dans son livre depuis la vie, comme elles parlent, et il ne falsifie pas les paroles des camarades. Il leur laisse cet anguleux et grumeleux parler paysan et ainsi cette expression directe, il ne polit leur dialecte brut pas davantage qu'il ne vernit leur discours d'aphorismes et de réflexions. Les trois quarts de ce livre sont écrits avec l'accent parisien, en argot, et sont pour cette raison incompréhensibles à celui qui a appris le français dans les grammaires et auprès de braves gouvernantes ; mais même celui qui a élargi son vocabulaire sur la butte Montmartre achoppe plus d'une fois sur les mots, que l'Académie ne connaissait pas encore en 1914 et que seules les tranchées sont venues estampiller. Cette technique nouvelle de la représentation de groupe est magistrale, et surtout : elle est davantage qu'une technique, parce qu'elle ne procède pas de l'artifice d'un littérateur agile, mais d'une nécessité humaine, du sentiment de reconnaissance né de cent semaines de vie commune sous la même toile de tente comme sous la toile, celle-là tissée de feu, des obus allemands. Arrachée à son monde familier, projetée dans l'immensité de la guerre, cette poignée d'hommes devient son pays natal, sa famille, son peuple. Ce qu'il vit, il le vit avec eux et à travers eux, ils ont une vie et une mort. Pareils aux compagnons d'Ulysse qui, serrés dans la grotte de Polyphème, savent que d'une minute à l'autre, la main titanesque, abominable, va fondre dans leurs rangs et s'emparer de deux d'entre eux, et nul ne sait encore lesquels, ces dix-sept hommes passent leurs jours et leurs nuits à chiquer ensemble dans leur couverture, et une peur ancestrale extrait de leur âme les ultimes paroles. Et ces mots qui disent l'angoisse de la mort comme, d'autre part, les cris sourds et bestiaux de l'extase éternelle devant la vie qui leur est accordée chaque jour de nouveau – plus forts que toutes les belles paroles avec lesquelles les poètes nationaux de l'arrière et les journaux parisiens « transfigurent » la guerre – elles sont ce qu'il y a d'extraordinaire, d'inoubliable dans l'œuvre d'Henri Barbusse, ces conversations dans les ténèbres de la vie devant les ténèbres de la mort.

Et la guerre, la confuse, vaste, multiple, massive, gigantesque guerre, dans les conversations de ces êtres simples et émouvants dans leur modestie même, elle se trouve roulée en une toute petite boule, comme une minuscule pelote. Mais les heures, les longues heures indénombrables de l'attente – l'attente est bien l'activité principale de cette guerre, attente des ordres, des décisions, de la relève, de la permission, de la mort, de la paix, de l'humanité – la dénouent peu à peu. Presque d'une main joueuse d'enfant, les conversations desserrent, une maille après l'autre, cet écheveau d'acier qui enserre la France et toute notre tragique Europe, son fantastique tissu nerveux devient plus nettement visible dans ces frustes remarques qu'à travers tous les froids exposés explicatifs qui ont tenté de l'illustrer. Je veux essayer de montrer au moyen d'exemples comment cette technique du dialogue chez Barbusse démonte tout le mécanisme de la guerre. C'est un moment de pause. En cette heure oisive, les camarades préparent leurs havresacs et en répandent le contenu en le comparant. Objet après objet, on voit dans ce paquetage assemblé en secret à la fois le matériel réglementaire des poilus, sa fonction militaire et l'individualité de chacun. L'un sort la photographie de sa femme avec leurs deux enfants, le deuxième un souvenir, le troisième un jeu de cartes, le quatrième un couteau maniable, et l'un après l'autre, ils se donnent mutuellement à palper leurs piteux trésors. Ils comparent les manières les plus pratiques de les ordonner, ils déballent leur havresac en quelque sorte sous les yeux du lecteur, discutant et comparant, ces objets dérisoires leur rappellent des souvenirs oubliés, de chez eux ou de la guerre, et progressivement c'est le pays natal, le lointain tout entier qui s'échappe des sacs ouverts et roule jusque dans le livre. Ou encore, l'un s'en revient de son foyer; une « bonne blessure », ainsi que, de l'autre côté, les soldats français appellent affectueusement le coup de feu qui, au lieu de la mort, apporte au veinard quelques semaines de repos, lui a donné l'occasion de séjourner dans l'arrière-pays, et le voilà qui décrit le trajet entre l'hôpital et les lignes arrière, entre les lignes arrière et l'arrière-pays, décrit les vexations de la bureaucratie française, la suffisance des officiers, toutes les expériences amères ou douces avec les différents samaritains. Les camarades énumèrent leurs expériences, et de leurs paroles et de leurs discussions émerge peu à peu une description (peu amène) de l'arrière-pays français. En un éclair, quelques instantanés épars suffisent ainsi à offrir une représentation homogène et sensible de cette structure complexe sur laquelle la première ligne du combat repose souplement. Ou bien c'est une rapide leçon sur l'artillerie ! Réveillés par le tonnerre d'une canonnade, ils se décrivent mutuellement, d'après le son des projectiles, le calibre et son effet. Comme le chasseur avec les cris des animaux, ces habitants des enfers reconnaissent les projectiles à leur bruit, ils différencient avec précision, simplement à leur son, au centimètre près, les lourds obus et identifient avec un effroi tout particulier les tirs fracassants des mortiers autrichiens qu'ils ont appris à connaître devant Verdun. Leurs appels, leurs cris et leurs plaisanteries décrivent inconsciemment la trajectoire, la rapidité des projectiles, et imperceptiblement, leurs conversations frustes et banales forment une image formidablement concrète de l'arme la plus effroyable de cette guerre, l'artillerie.

Le livre est composé de semblables petits tableaux, épisodes et anecdotes. Certains sont inoubliables dans leur beauté ou leur horreur. Il y a celui de l'aviateur qui, le dimanche matin, tourne au-dessus des positions et aperçoit, des deux côtés des lignes de protection, une même masse sombre et quadrangulaire. Il descend, pour inspecter cette curiosité et voit à droite et à gauche deux offices qui se déroulent simultanément, l'allemand et le français. Des deux côtés s'élèvent à la même heure, vers le même ciel et le même dieu le chant et la prière de deux langues, de deux peuples, mais les paroles pieuses ne sont pas encore parvenues jusqu'à lui que déjà, les shrapnels de la batterie défensive éclatent autour de son appareil. Ou encore cette autre histoire, celle du soldat de Souchez qui marche comme un aveugle, tâtonnant de-ci, de-là, dans la contrée désertique qu'est devenu son pays, dans le néant fracassé de sa terre natale, sans plus parvenir à reconnaître sa propre maison tant la dévastation de son pays a été totale. Ou celle du soldat qui cherche le cadavre de son frère – le dernier de sept – et ignore qu'il gît à côté de son camp, juste derrière le remblai, et que la montre dont il a entendu le tic-tac durant toute la nuit appartient à celui qu'il cherche, mécanisme froid survivant à cette chaude jeunesse. Inoubliables par leur horreur, inoubliables par leur véracité, inoubliable par leur art de la représentation sont ces épisodes, et pourtant, et pourtant : encore et toujours, en proie au doute, gémit l'individu, le poète parmi les soldats français : « *On ne peut pas se figurer* !* » Cette phrase devient le rythme qui revient perpétuellement, le leitmotiv de l'œuvre. Page après page, le poète met en scène l'horreur absolue et il a pourtant le sentiment de ne pas dire assez, pas assez le malheur, pas assez le tourment. Car même s'il décrit toutes les affres de cette guerre, l'effroi,

* En français dans le texte.

l'horreur, comment représenter le plus invisible et le plus cruel de tous ses tourments, son éternité, le temps, ce temps lent, par trop lent à s'écouler ? On peut suivre les secondes et les minutes, mais les mois, les années, comment les saisir, cette durée, cette monotonie, cette éternité ? Ils doutent, les soldats français, et il doute avec eux, eux du monde, lui de l'art. Le plus grand malheur de l'homme devient ici, en même temps, le besoin le plus élevé, le doute de l'artiste.

L'infinitude, l'usure, la fatigue, l'incertitude de ces trois années, ce dernier cercle de l'Enfer des poilus français d'aujourd'hui, que Zola dans sa *Débâcle* ne pouvait encore connaître, c'est ce que Barbusse dépeint aujourd'hui à ses compatriotes et au monde. Aux patriotes politiques et à tous ceux qui, de l'arrière, exhortent à aller jusqu'au bout, il oppose la menace de cet ultime supplice de leurs victimes, il ne décrit nul malheur, lui qui a été soldat et combattant, témoin vertueux, qui soit aussi effroyable que cette durée incommensurable face à laquelle aucun salut n'est possible. Car même la pause, la permission, le prétendu répit, même cela est empoisonné pour les hilotes d'un nationalisme devenu forcené, les soldats, une effroyable farce dont ce livre dit le ricanant supplice. Barbusse décrit la première visite des permissionnaires à Paris. La boue du terrier colle encore à leurs vêtements, le tonnerre des batteries retentit encore dans leurs tympans, les images effroyables compriment encore leurs âmes. Et ils arrivent sur les boulevards où se bousculent les oisifs, dans les automobiles foncent des gens bien mis, les boutiques font luire la tentation, les regards des femmes. Rien, personne ne sait rien de la guerre, pour tous ces gens, elle est aussi éloignée que le ciel qui rayonne pardessus les toits. Et pourtant : voici un signe. Un rassemblement se forme devant une boutique pour admirer derrière la vitre une chose étrange. Qu'est-ce ? Ils se pressent et voient la figure de cire, en grandeur réelle, d'un officier allemand qui, dans un véritable uniforme allemand avec une croix de fer en papier, s'agenouillant pour demander grâce, lève ses deux bras de cire implorants vers la silhouette d'un officier français, lui aussi de cire, dont les juvéniles joues incarnadines et les yeux de verre stupidement déformés regardent vers lui. Au-dessous de ce naïf enfantillage on lit, en grosses lettres, *Kamerad*, le nom moqueur désignant les Allemands. Les soldats regardent dans la vitrine et sont saisis d'effroi et de dégoût : c'est donc ainsi que ces oisifs s'imaginent ici les Allemands, c'est donc ainsi qu'à l'arrière, ici, on s'imagine la guerre ! Une dame élégante, parfumée les effleure et demande : « Dites-moi, vous, messieurs, qui êtes de vrais soldats du front, vous avez vu cela dans les tranchées, n'est-ce pas ? » Et les deux hommes, étranglés par le dégoût, bredouillent un affreux : « Oui... oui... » et les autres de s'illuminer de joie. Ils poursuivent leur marche jusqu'à un café, les causeurs leur emboîtent le pas, les célébrant comme de vrais poilus, un monsieur raconte combien il aurait aimé, lui, le passionné, aller à la guerre, mais le méchant ministère ne l'y a pas autorisé, un autre leur explique comment, ici, il est aussi utile pour l'État qu'eux le sont là-bas. De nouveau ils disent : « Oui… oui… oui… », pleins de bonne volonté, et effarouchés par tout, mais au fond d'eux ils sentent qu'une frontière les sépare des autres, qu'ils ne parlent pas la même langue. Et ils continuent d'errer, les pauvres, ils se sentent oubliés, sans nom, dans la grande ville, dans ce Paris qui ne pense qu'à lui-même et à son plaisir, et tout à coup l'un d'entre eux dit : « Y a pas un seul pays, c'est pas vrai. Y en a deux. J'dis qu'on est séparés en deux pays étrangers : l'avant, tout là-bas, où il y a trop de malheureux, et l'arrière, ici, où il y a trop d'heureux[1]. » Perdus, c'est ainsi qu'ils se sentent dans la capitale de la France, qu'ils ont défendue de leur sang mille journées durant, et la tête basse, ils quittent ce pays de pierre étranger pour l'autre, l'effrayante patrie, leur tranchée.

Ils sont de nouveau chez eux, de nouveau une famille, l'*escouade**. Mais voilà que commence le dernier acte de cette tragédie humaine. Réveillés dans la nuit par la sirène d'alarme, ils sont projetés du sommeil dans la tempête. Barbusse a conçu de manière si horriblement, si épouvantablement vivante – ou mieux : si épouvantablement meurtrière – sa description de cette apocalypse de notre humanité moderne qu'on n'ose plus la raconter de nouveau. L'âme vous brûle à l'idée que de telles heures puissent exister sur notre Terre, et le souffle manque pour parler de cela.

* En français dans le texte.

Vient ensuite la nuit après la tempête, après le carnage. C'est fini. Les deux derniers hommes de cette escouade qui en compta jadis dix-sept rôdent sur le champ de bataille que les obus ont pilonné à mort. Ils cherchent les camarades qui, une heure auparavant, jouaient aux cartes avec eux, et trouvent des corps en lambeaux à la place des seuls frères qu'ils ont aimés, avec lesquels, deux années durant, comme les muscles et la peau, ils n'ont fait qu'un. Et pourtant : à l'horreur humaine, au deuil fraternel se mêle irrésistiblement l'extase démoniaque, primitive de sa propre existence, de ce triomphe vertigineux : « Je suis encore vivant ! Je suis encore vivant ! » Eux-mêmes ont tué, ils voient la mort tout autour d'eux sous forme de crânes sanguinolents et de rictus ricanants et pourtant ils ne savent qu'une seule chose, qu'ils sont, eux, encore vivants. Ils continuent d'errer de cadavre en cadavre. Et toujours, toujours plus désespérément, dans ces effroyables images d'horreur résonne le leitmotiv du livre : « *On ne peut pas se figurer* !* » Et en se taisant, en se traînant, leurs mains ensanglantées, ils retournent à travers les barbelés s'accroupir dans leur coin. Et à présent, tout doucement, leurs deux voix commencent de parler dans l'obscurité. Elles sont déjà tout à fait anonymes, ces voix des survivants, et parfois elles sonnent de manière sourde, comme si c'étaient les morts qui parlaient, les nouveaux dix mille, les nouveaux cent mille qui gisent à présent devant les lignes allemandes, aussi vains que

* En français dans le texte.

des excréments. Elles parlent de la guerre, ces voix anonymes et cherchent son sens. Mais ce n'est pas l'Alsace-Lorraine qu'évoquent les soldats, ou le Maroc, ou la Syrie, comme leurs ministres, mais seulement la souffrance et la fin de celle-ci. L'un des deux ose encore la phrase, livresque, il faudrait détruire l'Allemagne pour anéantir le militarisme. Mais les autres ne croient plus en cette phrase. «Même si l'Allemagne était battue aussi, le militarisme renaîtrait dans un autre pays», disent-ils. Ce n'est pas l'Allemagne mais elle-même, la guerre, que la guerre devrait permettre de vaincre à jamais, l'ennemi du peuple, ce n'est pas l'Allemagne, c'est la guerre. «Deux armées qui se battent, c'est une grande armée qui se suicide», s'écrie l'un d'eux, et tous les autres l'approuvent bruyamment. Ces combattants français n'ont pas la moindre parole de haine pour l'Allemagne, pour ceux qui venaient juste de fondre sur leurs lignes armés de grenades à main et de faire des ravages bestiaux avec leurs couteaux, ils ont pitié des victimes de la guerre et n'ont de haine que contre la guerre et tous ceux qui la façonnent. Jamais une telle souffrance ne devrait plus frapper l'humanité, crient-ils depuis leur détresse, et leur souffrance n'aura de sens que si cette guerre est bien la dernière de l'humanité. Aucune province ne pourrait s'acquitter de leur souffrance, seulement leur offrir l'ultime pensée qu'un tel abcès de violence devrait dissuader l'humanité d'endosser encore une fois volontairement la croix de la guerre. «Guerre à la guerre!», tel est le cri qui retentit depuis les rangs français sur le champ de cadavres, comme les trombones du Jugement dernier.

Et c'est pour eux une consolation, une infinie consolation, que tous, sauveurs anonymes, puissent préserver l'avenir tout entier de la guerre, que cet exemple refroidisse définitivement toutes les générations futures. Mais elle ne calme cette idole que pour une seconde. Car qui, se demandent-ils, décrira à l'humanité cette souffrance incommensurable qu'a été la nôtre, qui donc le pourra ? Nul poète ne peut l'imaginer de chez lui, et les correspondants de guerre, les *touristes des tranchées**, eux aussi n'ont vu qu'une partie seulement de leur souffrance sans éprouver le plus effrayant : la contrainte, la durée, l'infinitude. Qui sait, qui connaît le destin du poilu ? « Nous ! Nous seuls ! répondent les voix. Nous ! Nous seuls qui l'avons vécu ! » Mais les réserves d'un autre leur tombent sur le cœur comme un coup de marteau : « Nous non plus, nous non plus ! s'écrie-t-il. Nous oublierons, nous. Nous en avons trop vu. On n'est pas fabriqué pour contenir ça. Nous aussi, nous aussi nous oublierons notre propre misère. »

Cette pensée, la plus terrible de ce terrible livre, court à travers lui comme un incendie. « Oui, nous oublierons ! crie l'un. Quand j'sui' été en permission, j'ai vu qu'j'avais oublié bien des choses de ma vie d'avant. Y a des lettres de moi que j'ai relues comme si c'était un livre que j'ouvrais. Et pourtant, malgré ça j'ai oublié aussi ma souffrance de la guerre. » Et un

* En français dans le texte.

autre : « Et chaque chose qu'on a vue était trop. On n'est pas fabriqué pour contenir ça. On oublie les veilles sans bornes, le supplice de la privation, il ne reste plus que les lieux et les noms, comme dans un communiqué. » Ô porosité du sentiment, ô versatilité du souvenir, ô lassitude de la pensée ! Comme ceux qui doutent peuvent se blâmer eux-mêmes. « *On est des machines à oublier**. Les hommes, c'est des choses qui pensent un peu, et qui, surtout, oublient. » Même eux, les seuls témoins sincères, seront muets devant le tribunal de l'humanité, même eux ne peuvent que bredouiller au lieu de parler. On les décrira comme des héros, eux qui se sentent comme des martyrs, comme des innocents qui ont démesurément souffert, on connaîtra leurs faits d'armes, ceux qui stimulent, et non leur malheur, qui seul est à même de sauver les générations futures. Alors à quoi bon ce supplice, ce malheur ? Leur espoir est perdu : « *Tant de malheur est perdu*** *!* » Tant de malheur est perdu si l'humanité l'ignore, si personne ne peut en témoigner sincèrement.

Henri Barbusse a essayé d'être ce témoin, cette voix, qui atteste de la souffrance du soldat, du Français, pour toutes les époques de l'humanité. Pareil à un gigantesque monument funéraire, pavé de peine, cimenté de pleurs et de sang, son livre vient couronner le souvenir de ses camarades morts au champ d'honneur, la noble flamme de sa passion resplendit sur les temps à venir comme un fanal

* En français dans le texte.

** En français dans le texte.

d'avertissement. Il restera, rempart contre la trouble marée des poèmes et des traités des forts en gueule, qui ont tôt fait de transformer leur exemption du service militaire en une exaltation du sentiment, défense et éternel sarcasme contre les prudents patriotes, qui glorifient avec tant de conviction le grand bain d'acier en se gardant bien d'y plonger ne serait-ce qu'un talon – il restera, parce que son émotion naît de l'expérience et parce que ce sentiment ne connaît plus ni frontières ni peuple, seulement le lieu saint de son origine : l'humanité. Au milieu des luttes décisives pour la puissance et la possession, c'est déjà une victoire, la seule qui compte en dernière instance : la victoire de l'esprit clair sur l'absurdité de l'apparence, la victoire de la vérité sur la phrase et son pitoyable valet : le mot.

Chez les insouciants

Vienne, 26 février 1918

Non vi si pensa, quanto sangue costa.
On ne songe point combien il en coûta de sang.

DANTE, *Paradiso*, XXIX, 91

Visite chez les insouciants, cette communauté en voie de disparition dans notre monde. Jadis, avant la guerre, ils avaient toute la terre, ils traversaient les pays et les océans tels des oiseaux bienheureux, nichant là où dardait le soleil et brillait la beauté, sur les côtes azurées d'Italie et dans les gris fjords du Nord, dans les vallées du Tyrol et les bastides de Provence. Immense était leur confrérie, répandue aux quatre vents du monde, flottant au-dessus des langues, fusant par-delà les frontières, partout buvant jusqu'à la dernière goutte, de ses lèvres jamais désaltérées, l'écume, si claire et suave, de la vie trépidante. Où n'étaient-ils pas, les insouciants ? Légers comme des plumes, leurs carrosses traversaient le tonnerre des villes, en hiver, ils dévalaient les sommets des Alpes, et leurs conquistadors les plus lointains s'allongeaient douillettement sur les ponts des paquebots et, le soir, roulaient par les rues de Kandy dans des rickshaws ailés. Portés par la vague dorée de la richesse, ils flottaient sur les peuples et les langues, la grande communauté des insouciants, enlaçant le monde, savourant le monde, belle et inutile, les papillons de la vie.

Où est-elle à présent, la grande communauté? Éparpillée à tous les vents, la guerre l'a anéantie : il n'y a plus d'insouciants. Presque plus. La nuée s'est dispersée, seule un pauvre petit tas minuscule a pu se sauver. Ils ont fui leurs pays pour échapper au danger et aux petites contrariétés. Là-bas, les lois les corsetaient de manière trop pénible, la jalousie les talonnait, et les insouciants n'aiment la jalousie que lorsqu'elle émane de leurs semblables, non des nécessiteux. Mais même ailleurs, en pays neutre, la guerre était encore trop proche d'eux. Ici aussi elle s'est immiscée dans les villes, ici aussi son ricanement s'échappe des affiches et des décrets, ici aussi, la pauvreté et le prolétariat dérangent, le trouble fumet du brouet de la vie. Et ils veulent être seuls, entre eux, insouciants parmi les insouciants !

Alors ils se sont enfuis dans les hauteurs, dans le plus beau recoin d'hiver du monde, en Engadine, à Saint-Moritz. Ici, le petit étendard dispersé peut se réunir de nouveau et célébrer son pieux rituel, le luxe.

Ici, pas de pauvreté, à gauche, comme dans les villes, pas de maladies, à droite, comme à Davos, aucune menace de restriction ne vient plus ternir le plaisir. Les hôtels, leurs vieilles forteresses du luxe, restent ouverts : peu à peu, les insouciants se retrouvent. Quelques centaines, à vrai dire, sur les centaines de milliers qui naguère flottaient sur la Terre. Mais ici, à Saint-Moritz, la nuée a trouvé un nid : le dernier petit amas des imperturbables est entre soi et vit comme avant, ces gens bien connus et qui nous sont pourtant devenus si étrangers. On rit beaucoup ici, on s'amuse, on ne pense pas à la guerre. *Non vi si pensa, quanto sangue costa.*

Oh, comme ils sont intelligents, les insouciants ! Comme ils ont toujours su déceler le plus beau du plus beau, le meilleur du meilleur ! Et même Saint-Moritz, leur dernière place forte de ce temps, comme elle brille de manière enchanteresse en ces jours d'hiver ensoleillés ! Telle une huître aux rebords polis, la blanche cuvette se découpe sur le bleu transparent : s'élevant des profondeurs vers les neiges éternelles, la douce vallée s'étale sous un ciel encore infini. Car l'air que traverse le soleil est ici si pur que tout paraît encore plus éloigné et que les étoiles, la nuit, luisent, blanches, depuis l'infini. Et ce blanc dans le soleil d'hiver, le blanc omniprésent, le blanc immaculé, surnaturel de la haute neige est d'une couleur que seules possèdent, de toutes les choses terrestres, les pierres précieuses, qui ne portent pas leur couleur en silence comme un vêtement, mais la distillent depuis l'intérieur, en même temps que leur âme. Il n'est pas possible de les décrire. Il n'est pas possible non plus de les peindre. Les tableaux de Segantini sont beaux jusqu'à ce que l'on connaisse cette réalité, et si l'on s'en souvient comme de quelque chose de joli, ici ils restent pauvres. Ils perdent leur éclat de la même manière que le mot hiver perd ici sa force. Tout ce qui est méchant, menaçant, dur, tout ce qui oscille dans la voyelle stridente, la consonne rigide, est ici absent : l'hiver, ici, c'est la brillance, le soleil, la clarté, la lumière, la sérénité et la pureté. Quelque chose d'étincelant comme le diamant et pourtant doux au toucher, quelque chose de pur comme la lumière du matin et pourtant d'une grande force. Les hommes n'ont jamais dérangé ce qui repose dans un grand silence et demeure éternellement.

Mais les insouciants ne se soucient que d'eux. Au milieu de ces hautes lignes aux courbes magnifiques, énormes parmi l'énormité, ont été jetés quelques blocs quadrangulaires, les gigantesques boîtes des gigantesques hôtels. Effrontément ils font face au paysage, peu préoccupés de savoir s'ils détruisent de leur insolente présence ces lignes admirablement harmonieuses, aussi indifférents au reste du monde que le sont les êtres qu'ils hébergent : les insouciants. Ce sont des places fortes contre l'époque, une défense contre l'extérieur, les refuges de ceux qui sont sereins, des éternels indifférents. Ils se tiennent tout en haut, dominant le monde, dominant les soucis. Les quatre sœurs grises[1], elles ne grimpent pas jusqu'à eux, le malheur, l'infini malheur, qui s'étend sur tous les pays d'Europe pareil à une mare de sang, n'exhale pas son souffle dans cet air pur. Ils sont ici en sécurité, les insouciants. *Non vi si pensa…*

Dans un virage : depuis la neige éclatent dix mille diamants, un nuage jaillit et se désagrège. Un bob passe en trombe, trois six, huit couleurs, vert, jaune, rose, noir, des voix, des rires, des appels, puis disparaît. En voici un autre, encore un projectile qui explose en riant, continue à jaillir en jubilant, un cri de peur, un rire, des couleurs, jaune, safran, bleu, et de nouveau il disparaît. Et encore un autre, et encore un autre ! Toute la journée, des descentes en trombe depuis Chantarella, toujours ça circule et scintille à un tournant de la montagne, toujours ici des rires fusent de quelque part dans l'air lumineux. Et tranquillement, le téléphérique des insouciants remonte à nouveau et à nouveau ils descendent à toute allure.

Là-haut sur les pentes, fonçant et sautant, les skieurs. Les blousons rouges luisent comme des taches de sang sur la neige, on pense à une prairie blanche couverte de scarabées qui dégringolent les uns sur les autres et font la course. En bas et en haut, partout des pistes de patinage, miroirs polis qui étincellent dans le soleil. Et puis la musique. Une valse flottant sur la neige, chaude et suave. Et les jeunes gens dansent, ou alors ils jouent au polo et au hockey, s'élançant sur la surface gelée comme des poissons furibonds. Et de nouveau la musique et toujours les couleurs, magnifiquement claires, resplendissant dans le soleil ! Puis, de nouveau, des traîneaux. À l'intérieur, des femmes distinguées aux pelisses coûteuses sont à l'affût, dans un tintement vibrent les éclats de rire. Des cavaliers qui tirent derrière eux des skieurs au bout d'une corde – je sais que tout cela est du sport, mais qu'importe, l'effet produit est ridicule. Comme une mascarade, comme des adultes s'adonnant à un jeu d'enfants. Ils sont tous trop élégants, trop affectés dans leurs costumes – les couleurs criardes vous brûlent les yeux – et tous trop gais : une foire, une *fête d'hiver**, un bal masqué, c'est l'impression que cela produit. Tout est en un sens trop fort, trop joyeux, trop insolent pour que l'on ne pressente pas le contraire, la monstruosité que cela vient consoler. Et que ces gens sont fiers de leurs rires, de leur insouciance comme de leurs diamants et de la couronne armoriée de leurs chevalières.

Non, ici ils ne s'ennuient pas, les insouciants. Rompus qu'ils sont depuis des décennies à une oisiveté distinguée, ni une bagatelle ni la guerre mondiale ne sauraient les détourner de leur distraction. Ah, ils sont tous là, ceux que l'on connaît de Vichy et d'Ostende et de Karlsbad, et l'on connaît déjà toutes ces petites fariboles dont on ne comprend pas

* En français dans le texte.

comment elles ne barbent pas ces gens, le thé tango et les *soirées dansantes**, les bals masqués et les parties de tennis et le prestidigitateur – il ne manque que la roulette et les *petits chevaux*** (à moins que je ne les aie point vus). Ah, de nouveau ils ont autour d'eux, les insouciants, tout ce qu'il leur faut, les boutiques de fleurs d'Italie et de la Riviera et les pâtisseries et les parfumeries, toutes ces boutiques où l'on n'entre que par désœuvrement. Et bien entendu les magasins d'antiquités, comment pourrait-on s'en passer, des magasins d'antiquités, à 1800 mètres au-dessus du niveau de la mer au milieu de la guerre mondiale ? Ils n'abandonnent rien, pas une once de l'ancien monde, ces derniers membres, les plus opiniâtres, de cette grande confrérie à présent dispersée à tous les vents du monde. Les voici de nouveau installés pour le thé, folâtrant et riant, un couple de danseurs de tango ploie et ondule sur la mélodie. Oh, où donc est la guerre ? Où donc, le monde détruit ? Une valse, une douce valse pour le thé. Et des rires et des regards qui s'envolent.

Le rire et l'exubérance : de temps en temps, on prête l'oreille aux mots. Français, allemand, italien, anglais – ils n'ont pas de patrie, les insouciants, ils viennent de partout. Et ils n'ont ni père, ni frères, ni époux, qui périssent – cela se voit à leurs lèvres légères. Ils sont au-delà de tout, simplement au milieu de leur plaisir. Le rythme d'une valse fait remuer

---

* En français dans le texte.

** En français dans le texte.

leurs épaules, un rire emporte tout ce qui pèse. Qui, ici, a encore des soucis ? Des éclats de rire et de la musique. *Non vi si pensa...*

On pense aux amis qui à cette heure gisent sur quelque sommet enneigé, face à leur mort, à d'autres qui aujourd'hui, enfermés depuis des années dans de mornes bureaux, doivent rédiger une note après l'autre, on pense aux masques nocturnes des femmes et aux ombres grises des enfants dans les tragiques faubourgs d'Europe – et alors on ne peut qu'avoir honte pour ces gens, pour leur façon de descendre en riant les pentes enneigées, costumés comme des singes. Et pourtant, aussi exaspérée soit l'âme, contre notre gré, tout à fait contre notre gré, l'œil les regarde avec de la joie. Cela fait tant de bien de revoir des gens en bonne santé, jeunes, gais, une jeunesse qui est dévouée à elle-même et qui a le droit d'éprouver cette liberté. Qui le pressent et qui vit sans crainte : je suis fort, je suis jeune, je suis en bonne santé ! Une jeunesse qui joue avec sa force au lieu de l'exploiter de façon meurtrière, qui n'est pas emmurée dans des tranchées et des casernes mais qui savoure, avec une aisance de gymnaste, le plus élevé, le plus sacré des sentiments sur terre : la liberté. Qui, le visage frais rougi par le soleil et par le sang qui afflue, danse en couple sur la glace miroitante, unissant ses énergies avec grâce, galope à cheval, la belle ligne de la légèreté et du désir, et qui à skis s'élance librement et légèrement dans les airs. Tout d'un coup, on se rappelle combien l'énergie est belle lorsqu'elle ne se transforme pas en violence, en brutalité et en meurtre, lorsqu'elle ne savoure qu'elle-même comme conscience, comme harmonie, comme jeu. Et on se souvient combien le monde d'avant était beau, lorsque sa jeunesse était encore joyeuse !

Déchirure du temps ! On voit la joie des gens et on en a honte pour eux. On voit leur douleur et on leur souhaite la joie. On voudrait participer et on éprouve de la culpabilité vis-à-vis des autres, ceux à qui tout est refusé, on voudrait être insouciant parmi les insouciants et pourtant l'on exècre leur froideur. Le cœur balance entre deux vagues. L'humain en nous, celui qui est ouvert à la fraternité, exhorte : sauve-toi, cache-toi, porte le chagrin du sang infiniment versé ! Et la vie en nous, l'éternellement détachée, qui ne désire qu'elle-même et sa fleur la plus raffinée et la plus précieuse, la joie, tentatrice : reste tout entier en toi, reste joyeux, ton chagrin n'y changera rien ! L'humain en nous dit : paie spontanément ton tribut à la détresse des étrangers, souffre avec tous ceux qui souffrent, interdis-toi la joie ! Et la vie ordonne : abandonne-toi à cette joie-là, elle est le pain et le sang de ton âme ! L'humain en nous dit : il n'y a qu'à travers le chagrin que tu peux vivre vraiment ce temps, et éprouver la guerre. Mais la vie parle : il n'y a qu'à travers la joie que tu peux te délivrer de ce temps, et vaincre la guerre !

Et ici-bas, le cœur balance. Il aspire à la joie du monde entier mais a honte de celle de quelques-uns. Il exècre l'insouciance et exècre aussi sa propre amertume, son chagrin inutile, qui n'est de secours à personne. Il reste apatride parmi ceux qui s'amusent et pourtant il écoute leur rire avec envie. Et il se sent infiniment seul ici, entre le paysage de lumière et les cœurs de pierre.

Satire du soir après l'éternelle comédie de la journée : bal masqué dans l'un des hôtels de luxe. Non, les insouciants, ils ne s'ennuient pas. D'abord les fracs et les décolletés dans les salles aux plafonds hauts, les diamants étincellent et les regards entre tout cela, les tables attirent ce dont, dans un pays en guerre, même le plus téméraire ne rêve plus. Ils sont toujours assis comme autrefois et jouent à leurs jeux d'enfants : le clan, la distinction, l'élégance, le flirt. L'Europe tombe en ruine. L'orchestre tsigane gratte ses violons. Dix mille hommes meurent chaque jour. Le dîner touche à sa fin, le bal masqué commence. Assises dans tous les appartements du monde, les veuves grelottent de froid. Une marquise aux épaules nues fait un pas en avant, vers un Chinois masqué. Des masques et des masques affluent. Et effectivement, ils sont vrais. Nulle part on ne trouve sous eux un visage humain. Les candélabres brûlent dans les miroirs. La danse commence. Un rythme suave et tendre, cependant que quelque part des vaisseaux voguent dans les lointains, que des tranchées sont prises d'assaut. Les insouciants dansent la mascarade des nations.

Et l'on aimerait qu'il se passe la même chose que jadis, que soudain les lumières s'éteignent et que sur le mur pétrifié viennent s'inscrire en lettres de feu les paroles de Balthazar. Ou alors les vers de Dante, effrayants : *Non vi si pensa, quanto sangue costa.*

Éloge du défaitisme

Leipzig, juillet-août 1918

Initialement paru dans Die Friedens-Warte – Journal of International Peace and Organisation, *qui est le plus ancien journal de langue allemande pour les questions de maintien de la paix et d'organisation internationale. Fondé en 1899 par l'Autrichien Alfred Hermann Fried (corécipiendaire avec Tobias Asser en 1911 du prix Nobel de la paix), il continue de paraître aujourd'hui, suivant une périodicité trimestrielle (N.d.T.).*

Les paroles, les vers, les livres, les tableaux, les protestations, les cris – nous le savons déjà tous, cela ne sert à rien. Sans quoi, voilà longtemps que le monde ne serait plus plongé dans le sang jusqu'à la taille. Seul, on est faible, seul, notre protestation est sans effet. Nous le sentons tous, il n'est qu'une planche de salut : la communauté.

Communauté de parole, communauté de volonté, union des millions de personnes qui considèrent la poursuite de cette guerre comme un crime encore plus grand que son déclenchement. Communauté de ces millions réunis par un cri, par un acte, par une volonté. Mais ces êtres partageant une même conviction se trouvent séparés par un obstacle plus exclusif que le mur de la langue, que le fossé des frontières, un démon de Babel qui les égare : la politique. Quatre personnes peuvent difficilement se tenir autour d'une table sans que l'arrogance, l'impérialisme de leurs idées politiques ne viennent les retourner les uns contre les autres. C'est ainsi que l'on trouve, des deux côtés, mille groupes et groupuscules, collèges et associations, tous dispersés suivant une conception différente de l'hostilité à la guerre, tous impuissants, tous inoffensifs, parce que opposés les uns aux autres en même temps qu'à la folie du monde. Et tous, pourtant, nous n'imaginons, ne souhaitons, ne désirons qu'une seule chose : la communauté.

Nous avons besoin d'elle. Nous devons donc la trouver. Nul impératif individuel, qu'il soit d'ordre logique, moral ou éthique, n'est plus important que l'impératif du monde. Nous devons capituler les uns envers les autres afin de pouvoir fouler ensemble une seule et même grande tribune, celle de la volonté et de l'action. Nous devons chercher une large tribune (et non une tour d'ivoire), afin d'y trouver la place suffisante, afin qu'ainsi nous devenions masse et, ainsi, force. La seule force qui voue son énergie à détruire la domination de la force. Mais où trouver une telle tribune ? Où commence, où s'achève notre communauté ?

Notre communauté doit commencer dans l'humanité, dans l'humanité universelle, et c'est là aussi qu'elle doit s'achever. Cessons un instant, tous, de raisonner à partir d'États ou de conditions – de notre propre condition et de notre propre État ! Ne raisonnons plus qu'en partant de l'humanité, à hauteur d'homme, de l'homme des millions de fois multiplié, martyrisé, massacré, en nous abstenant de nommer ces masses multiples « Français », « Allemands » ou « Anglais ». Entrons dans la sphère de la communauté, celle qui ignore le mot « Alsace-Lorraine », le Trentin ou la Pologne, qui ignore la liberté des peuples ou des océans, puisqu'elle ne connaît que la liberté de l'individu de disposer de sa destinée ! Tâchons de rechercher notre fraternité au-delà de la politique, de penser en dehors de la géographie et de l'histoire – non, cessons même de raisonner. Contentons-nous de ressentir ! Notre possible communauté ne peut exister que dans le sentiment : sentiment que jamais encore, depuis qu'étoiles et soleil dominent ce monde dément, l'homme n'a été à ce point déshonoré. Et qu'à cette honte, il importe de mettre un terme. Entrons ensemble, quelle que soit la différence des solutions auxquelles chacun nous croyions, contentons-nous seulement de le faire ensemble. Non pour une éternité, mais pour le temps que durera cette guerre. Unissons-nous, au-delà de nos opinions politiques pour le moment, dans le sentiment de notre résistance. Afin que l'on puisse distinguer le grand nombre de ceux qui répugnent à cette folie du petit nombre de ceux qui violentent le monde.

Nous avons besoin de la communauté. Besoin d'une tribune et besoin, pour nous qui voulons l'occuper, d'un nom. Ennemis de la guerre, amis de la paix – ces mots sont trop faibles. Pacifistes : le terme a été souillé et déshonoré par les lansquenets et les flibustiers de l'opinion. Qui donc, parmi ceux qui mènent aujourd'hui la guerre, n'est pas un ami de la paix ? Clemenceau veut la paix, Lloyd George aussi, je lis qu'un journal turc a proposé l'empereur Guillaume pour le prix Nobel de la paix, Barrès la veut également ainsi que Sonnino – chacun veut la paix, une paix bonne, forte, juste, durable ; tous, pour peu qu'on les écoute bien, sont des pacifistes passionnés. Et à la tribune du pacifisme, la veille du traité de paix – car ils ne manquent pas de flair –, ils se hâteront de dépêcher tous nos chers intellectuels, qui, depuis le début de la guerre, ont professé avec tant d'éloquence toutes les convictions à l'exception de la leur. Non – notre communauté, elle, n'a pas le droit d'être aussi complaisante.

Si nous voulons donner une juste signification, un sens passionné à notre éloge, à notre mobilisation, il nous faut choisir un mot d'ordre de combat derrière lequel les « sans-opinion » ne pourront se cacher. Seuls l'aversion, le risque et la résistance rendent l'éloge opérant. Faisons nôtre – comme le firent jadis les gueux – l'injure de nos ennemis, faisons notre fierté de ce qui est pour eux un outrage, de ce qu'ils méprisent, notre honneur : *prenons ouvertement le* *nom de défaitistes ! Montrons-nous unis dans le défaitisme !* Soyons capitulards ! *Soyons défaitistes* ! Siamo disfattisti !* Donnons à ce mot notre signification, la manière dont nous l'entendons, portons-le comme une arme, et levons-le haut, qu'il chatoie et resplendisse contre l'ire de nos Siegfried nationaux !

Montrons-le ouvertement : notre idéal est le contraire du vôtre ! Nous sommes vos ennemis et vous êtes les nôtres ! L'étiquette dont nos détracteurs et nos héros nationaux nous affublent est pour nous une distinction et un honneur ! Ce qui est sacré à vos yeux, le sacrifice de l'homme, nous semble lamentable ; ce qui est sacré à nos yeux, la liberté de l'individu, est pour vous un crime ! Nous sommes des défaitistes : c'est-à-dire que nous ne voulons ni victoire, ni défaite, nous sommes les ennemis de la victoire et les amis de l'abdication. Nous sommes des défaitistes : c'est-à-dire que nous voyons davantage de grandeur dans la compassion et la réconciliation que dans le combat acharné ! Nous sommes des défaitistes : c'est-à-dire que nous aimons l'homme, le fils éternel de Dieu, davantage que les identités terrestres des États. Nous sommes des défaitistes : c'est-à-dire que nous n'avons nullement honte d'être les plus faibles dans le combat et d'avoir les canons les plus courts ; que nous ne cherchons pas la justice entre les fils de fer ni notre joie dans la mise en pièces de régiments ennemis. Nous sommes des défaitistes : c'est-à-dire qu'aucun renoncement, qu'il s'agisse de

* En français dans le texte.

fierté, d'argent, d'honneur, de terre, ne nous semble vain si c'est pour que le sang sacré des hommes cesse d'être versé et que l'Europe puisse être délivrée de son supplice. Nous sommes des défaitistes : c'est-à-dire que la politique n'est pas pour nous la première, mais la dernière des priorités, que la souffrance des hommes a plus d'importance que l'essor commercial des nations et que les froids monuments de la gloire. Nous sommes des défaitistes : c'est-à-dire que vos jours de gloire sont pour nous la gangrène de l'histoire humaine.

Faisons-nous connaître ! Puissamment et ouvertement ! Et unissons-nous, de tous les pays, de toutes conditions, en matière politique, sociale, intellectuelle, dépassons notre sentiment individuel pour former une communauté !

Crions notre haine de la guerre en ces termes, au monde entier. Soyons les capitulards des temps de fer ! *Soyons défaitistes* ! Siamo disfattisti !*

* En français dans le texte.

La Suisse, auxiliaire de l'Europe

Vienne, septembre 1918

Étendue entre les États belligérants, engagée dans la tragédie européenne par le seul sentiment, strictement occupée, en retrait, avec son armée, au maintien de la neutralité dans les luttes non seulement sanglantes, mais aussi intellectuelles, la Suisse, durant ces années, n'a peut-être pas dépensé moins d'énergie, constamment relayée par une ardeur sans cesse renouvelée, que les autres nations. À cette différence que cette énergie a été employée non pas à détruire, mais à construire, non pas à blesser, mais à soigner. Et parce qu'elle s'est exercée dans le silence complet, loin des trompettes de la gloire, cette formidable énergie est restée, jusqu'à aujourd'hui, encore plus occultée qu'elle ne le mériterait : ce qui agit dans le domaine des sens devient facilement manifeste, mais tombe plus brutalement dans l'oubli. Les actions de l'esprit et du cœur sont moins perceptibles au regard. Mais leur durée est garantie par la force agissante, l'autorité morale de l'idée immortelle qui oppose à la souffrance, à l'infinie souffrance humaine, l'unique réconfort possible : la pitié. Puisque les autres peuples de ce temps ont engendré la souffrance, la Suisse a donc engendré la pitié. Et parce que durant ces quatre effroyables années, la souffrance, dans le monde, s'est avérée insupportablement et imprévisiblement forte, sa contribution a donc dû être tout à fait considérable.

Et elle l'a été. Et elle l'est encore. L'heure n'est pas encore venue de prendre toute la mesure de l'œuvre accomplie, mais rien que ce que nous savons, qui serait déjà énorme s'agissant d'un grand pays, semble disproportionné de la part de ces quelques cantons. Au centre, il y a la contribution de la Croix-Rouge : j'ai tenté, dans un bref opuscule (*Das Herz Europas*, chez Rascher & Co., *Le Cœur de l'Europe*, Éditions du Carmel[1]), de fixer la première impression que j'ai éprouvée au musée Rath de Genève, la cellule originelle de cette prodigieuse structure, et il me semblerait téméraire de resserrer encore cette image impressionnante dans un cadre plus réduit. Les blessés de guerre, de tous États et de toutes nations, ont été la préoccupation de la Croix-Rouge depuis toujours, depuis sa création à Genève par des citoyens suisses il y a un demi-siècle. Et rien que cela – prendre soin de ces millions de personnes, veiller à leur protection au moyen de conventions – serait déjà une contribution suffisante. Mais celle-ci a été en outre dépassée par la tâche gigantesque qu'ont représentée les prisonniers. Chaque individu porté disparu est une préoccupation. L'incertitude est un supplice et cette incertitude, rapportée aux millions de parents concernés, a produit une somme d'agitations qu'il est heureusement impossible de comptabiliser. La Croix-Rouge s'est désormais chargée de transmettre le plus rapidement possible des nouvelles des disparus à tous les membres de leurs familles. Elle a mené l'enquête dans son camp de prisonniers, fait surveiller leur traitement par des personnes de confiance, enregistré des plaintes, adressé des dons – bref, elle a réussi à transmettre un certain sentiment de protection au milieu de la formidable incertitude qui symbolise le temps présent et qui caractérise presque chaque destinée. Au-dessus de la mêlée, on a pu sentir la force supranationale de la justice et de l'humanité.

Mais cela a engendré, pour la Suisse, un pesant fardeau, dont elle ne pouvait soupçonner la taille lorsqu'elle a commencé à endosser ce rôle d'intermédiaire – mais qui eût pu prédire que la guerre aurait cette durée et cette ampleur ! –, je veux parler de la transmission du courrier, qu'elle a – et cela est trop peu connu – assurée gratuitement. Gratuitement, le mot peut sembler dérisoire, mais quelle résonance il a, quelle formidable résonance, si l'on songe que la Suisse a acheminé bénévolement, durant ces quatre années, plus de 500 millions de lettres, 100 millions de paquets et 10 millions de mandats. Si l'on applique le tarif international de base, on peut raisonnablement affirmer qu'en renonçant à tout dédommagement financier de la part des États belligérants, la Suisse leur a fait un cadeau de 100 millions de francs, sans parler du gigantesque travail que cela représentait, et dont seule pouvait être capable une administration des postes aussi magistralement organisée que celle du pays où fut fondée l'Union postale universelle, qui y a son monument.

Mais les chiffres ne suffisent pas à mesurer ce qu'au plan moral, la Suisse a réussi à accomplir. Comment exprimer ce que signifie, pour les blessés graves, le fait que depuis 1915, grâce à l'intervention de la République libre, ils aient constamment pu être échangés et rapatriés. Dans les gares, des compagnies d'honneur les accueillaient, on leur apportait des dons, et des milliers, bien des milliers d'entre eux ont raconté que cette première minute fut l'une des plus heureuses de leur existence. La création du service d'internement ne fut pas moins importante, le fait qu'un pays neutre, non impliqué dans le conflit, prenne en charge l'accueil des prisonniers malades et convalescents était sans précédent dans l'histoire de la guerre. On leur prescrivit les plus beaux paysages, les régions les plus charmantes, en veillant également, autant que faire se pouvait, à ménager une certaine proximité nationale dans le contact avec la population. On hébergea les Français au bord du lac Léman et dans l'ouest de la Suisse, les Allemands à l'est et près du lac des Quatre-Cantons, les Anglais et les Belges dans les régions autrefois les plus prisées par leurs compatriotes. Ceux qui étaient déjà guéris eurent droit de travailler, de gagner un peu leur solde, ceux qui étaient gravement malades se virent mettre à disposition le sanatorium de Davos et les autres stations thermales, et – le plus important pour le bien-être de l'âme – leurs proches furent autorisés à les visiter pour un temps plus ou moins long.

Vouloir exprimer sous forme simplement statistique ou chiffrée la valeur humaine de ce que la Suisse a accompli est impossible. Impossible, faute de place, de rendre hommage à toutes les institutions, à tous les individus dont la collaboration a permis cette entreprise unique en son genre, requérant non seulement de grandes capacités, mais aussi un infini sens de la mesure. De même qu'il fut difficile d'arriver à maintenir constamment l'équilibre entre les exigences des nations, de préserver aussi la parité du sentiment – peut-être, dans quelques décennies, publiera-t-on les actes montrant combien le travail caritatif dut se doubler d'un invisible travail diplomatique. Et la réussite de cette organisation absolument sans équivalent, née du néant, de la théorie, n'était envisageable qu'à la condition que le pays tout entier partage cette idée, que chacun, du président du conseil fédéral jusqu'aux simples soldats du service de santé, ait conscience de son formidable devoir ; que la Suisse assume sa supranationalité. Et chacun savait, comprenait que cette entreprise, pour les Suisses, n'était nullement un hasard, mais qu'elle représentait le sens de ce pays, la signification que dorénavant, au cours des siècles, la Suisse aura aux yeux de l'Europe. Fameuse non plus pour ses paysages, comme paradis des étrangers ou comme destination de lune de miel ; mais comme idée de la communauté, unissant les nations et les langues. Comme idée effective de l'unification, comme auxiliaire de l'Europe, qui ressent le devoir de ne pas laisser s'éteindre le sentiment de fraternité, même dans les plus effroyables tempêtes que ce monde subira jamais. Jamais les armoiries de la Suisse – une croix blanche sur fond rouge – n'ont autant symbolisé la paix au milieu du sang. Et en ce sens, l'humanité future toujours saluera ce drapeau.

L'opportunisme, ennemi mondial

Berlin, octobre 1918

L'opinion politique provoque nécessairement des oppositions et des inhibitions temporaires. Mais la conviction ne connaît qu'un seul ennemi (un ennemi éternel) : l'opportunisme.

Rien n'a été plus dangereux que le fait, pour les gens, de confondre, chez eux-mêmes ou chez les autres, ces deux notions ou de les placer sur un pied d'égalité : opinion et conviction. Une opinion, beaucoup en ont une. Une conviction, très peu. L'opinion prend son envol depuis les paroles, les pages des journaux, les désirs et les cancans, elle poursuit à nouveau son vol avec le prochain vent, colle aux faits, et elle est toujours soumise à la pression de l'air, à la psychose de masse. La conviction grandit à partir de l'expérience, elle se nourrit de l'éducation, elle reste personnelle et irréductible aux événements. L'opinion, c'est la masse, la conviction, c'est l'homme.

Et toute la tragédie de ce temps tient ainsi en une phrase : les opinions ont vaincu les convictions.

Les cancans plutôt que le savoir. Partout. Un enfant pourrait, au tableau, calculer la somme des hommes qui, pas davantage aveuglés par la victoire que par l'échec, n'ont jamais renoncé à leur credo spirituel face au temps. Et c'est en vain que l'on attend des autres qu'ils prononcent la parole élémentaire, celle qui est à l'origine de l'homme : « Je me suis trompé. » Où donc est le journal dont la première page proclamerait : « Induits en erreur par des suppositions erronées, nous avons mal informé nos lecteurs » ? Où est le responsable politique qui expliquerait, dans un inventaire à ses électeurs : « Avec la meilleure foi du monde, j'ai causé du tort, en..., etc. » ? Où sont l'artiste, le général, le poète qui auraient la franchise de reconnaître cette chose simple, qu'ils ont été abusés par la monstrueuse impulsion des faits, emportés par le tourbillon de l'opinion ?

Ce dont nous faisons l'expérience, c'est l'opportunisme. Un glissement progressif. Resquilleurs de la responsabilité, on voit ceux qui maîtrisent la parole, politiques ou littérateurs, se lever tout doucement des tables auxquelles ils étaient assis, et se glisser clandestinement au milieu des autres pour, à peine installés, faire comme s'ils avaient toujours été là. Certains ont déjà changé ainsi trois fois de place : oublieux envers eux-mêmes, ils misent sur l'amnésie des autres et comptent – à raison, malheureusement – avec ce curieux instinct de la masse, qui prétend toujours avoir été innocente et oublie que son opinion (opinion dont l'acquiescement solidaire de millions d'autres a fait une puissance monstrueusement dynamique) avait l'apparence d'une conviction nationale.

Pour cette raison, chaque revirement soudain de la croyance d'un peuple est, en tant que phénomène moral, indifférent, quelle que soit son importance au sens politique. Car ce ne sont pas de nouvelles couches sociales auxquelles on aurait soudain donné la parole, ces noyés que l'on a exclus, mais bien – comme au théâtre où les mêmes figurants apparaissent d'abord en Troyens, puis en Grecs – au fond les mêmes gens : qu'elle soit porteuse de désillusion ou d'espérance, il ne s'agit en aucun cas de conviction, car les convictions ne sont pas comme ces tiges de bambou qui poussent en une nuit. Et l'opportunisme, dont l'opinion est tributaire de l'intérêt, auquel les succès militaires de Hindenburg ou Foch offrent autant de métamorphoses morales, est peut-être encore plus dangereux que la rigidité la plus inflexible. La migration de masse ne profite pas aux idées : elle les nivelle et les avilit. Je sais que les meilleurs hommes de France, les plus passionnément libres, ont horreur de prononcer les mots « droit » et « *liberté** », tant ils ont été galvaudés par des mains indignes, alors qu'il était un idéal pour le Germano-Européen et pour la démocratie, et il sera difficile de siéger demain aux côtés de ces démocrates de circonstance (qui viennent à peine de déchirer leur carte de membres du parti de la patrie et de la jeter dans les cabinets). L'épidémie de l'opportunisme,

* En français dans le texte.

internationale comme seules l'ont été la syphilis et l'usure de la guerre, s'est effroyablement étendue sur l'Europe, et ce n'est pas un parti politique, mais bien elle qu'il nous incombe de combattre, tel est notre plus nécessaire devoir. L'opportunisme des politiciens, hommes froids de la logique servile, agitant les idéaux à la pointe de leur épée, fait durer la guerre. L'opportunisme des gens de lettres, qui ont tiré à eux le mégaphone de l'exaltation pour donner de la puissance à leurs petites voix, démultiplie la haine, l'opportunisme des responsables de partis, inquiets seulement de leur prochain résultat électoral, bouleverse l'opinion du peuple ; et l'opportunisme du peuple lui-même, qui, pour la première fois, se sentait non plus humilié, mais loué et admiré par tous ces représentants de la domination, qui parachève la tragédie. Aucune conviction, fût-elle la plus absurde, n'a causé autant de mal que l'opportunisme et c'est justement parce qu'il est l'unique puissance à être sortie indemne des événements, parce qu'il est au contraire aujourd'hui plus puissant, plus agissant, plus diligent que jamais, que tous nous devons reconnaître en lui l'ennemi. Le plus dangereux des ennemis de l'esprit. L'ennemi originel de la conviction et de la conscience.

Soyons en éveil ! Gardons-nous, une fois de plus, de la passion ! L'histoire et le passé auraient largement dû nous apprendre à nous montrer sceptiques face aux prompts revirements. Tout changement brusque, quelle que soit sa puissance, il faut en considérer le mécanisme ! Il n'est pas de pensée pure, pas d'idée noble qui ne se trouve dénuée de valeur à partir du moment où les opportunistes, ces flibustiers de l'opinion, s'en saisissent, et tout ce qui naît d'une pensée utilitariste plutôt que de nécessités intérieures et vécues ne saurait jamais être vraiment créateur. La république nouvelle ne doit pas être dirigée par les vieux acrobates de la pensée. Les bouleversements créent la confusion et dans ce tumulte, les équilibristes de l'opinion seront toujours devant. Les véritables convaincus doivent-ils une nouvelle fois se taire, sous l'action cette fois du dégoût et non plus de la contrainte ? Cessons enfin d'être indulgents : peut-être sera-t-il possible de s'entendre avec les opposants de la pensée, ceux qui sont ouverts. Mais le véritable danger moral vient des transfuges, ceux qui délayent toute idée, les opportunistes du moment, les patriotes par intérêt, les parasites du succès : là aussi il y a une puissance à combattre, l'éternel adversaire de l'esprit, et sous sa forme la plus dangereuse : sous l'apparence de la conviction, qui par la magie des mots parvient à imiter l'esprit dont elle est la négation. Qui s'empare de nos mots et leur ôte leur sens comme un noyau. Qui, démagogue, dit « humanité » alors qu'elle pense exclusivement à elle-même, toujours et partout, à elle-même seulement, alors que l'idée excède toujours l'individu, aussi propre lui soit-elle. Attention à l'opportunisme, l'ennemi mondial ! Mieux vaut des opposants face à nous que des traîtres parmi nous.

La dévaluation des idées

Berlin, octobre 1918

> Devise : « Le sang d'un seul homme
> est d'un plus grand prix
> que la liberté du genre humain*. »
>
> Jean-Jacques ROUSSEAU

Dans son texte « Der Vernunftmeridian », paru dans la *N[eue] Z[ürcher] Z[eitung]*, Alfred H. Fried a très clairement exposé les deux conceptions qui cherchent à provoquer la fin de la guerre et qui, ce faisant, se trouvent mises en opposition d'une manière fatale : le jusqu'au-boutisme et le défaitisme. Les uns se fixent l'idée de la paix éternelle comme un but premier, fût-ce au prix de la poursuite du combat, les autres placent l'arrêt des combats avant toute autre idée. Les uns pensent aux États et à leur État, les autres, seulement aux êtres humains, ceux que l'on

* En français dans le texte.

assassine et que l'on torture. Les uns pensent à un futur meilleur, les autres, à l'abominable présent. Les uns croient en l'idée comme nécessité supérieure pour l'être humain, les autres à la vie *ipsa vita*. Et A. H. Fried en vient à la conclusion personnelle : « Qui ne souhaiterait pas la victoire des jusqu'au-boutistes, quelle que soit la compréhension que l'on témoigne pour la nostalgie de ces défaitistes qui ne travaillent qu'avec le sentiment ? »

À cela je réponds – sans avoir peur d'être qualifié de défaitiste – : « Chaque être qui éprouve des sentiments véritables. » Quiconque a renoncé à la politique pour revenir à sa propre humanité. De la raison au sentiment. Car notre raison, lui faisons-nous à ce point confiance ? Pouvons-nous affirmer en toute conscience que nous raisonnons clairement en ces instants ? Raisonner clairement dans les effluves sanglants du monde ? Nous savons qu'après quelques heures passées dans une cave à vin, même sans avoir bu une goutte, le cerveau est enivré par l'arôme qui s'échappe invisiblement, qu'une sorte d'ivresse et de vague ébriété s'empare des sens. Les États d'Europe sont semblables à ces caves : presque partout, les invisibles exhalaisons sanglantes ont gommé la clarté de l'esprit et du jugement. Nul ne peut de lui-même affirmer aujourd'hui avec certitude qu'il pense correctement : ce n'est qu'en revenant à l'air libre que l'on reconnaîtra ceux qui sont restés sobres. Non, notre raison n'est pas le méridien, immuablement dessiné dans le bouleversement du monde, sur lequel nous pouvons fonder notre calcul. Il n'y a que le sentiment.

Méfiance envers les idées, toutes les idées, croyance en cette seule réalité : la vie humaine, celle qui respire, qui saigne, qui procrée, qui souffre, des millions de fois multipliée, elle seule peut être une certitude, un point de vue sûr. Depuis quatre ans, l'Europe a sacrifié des millions de personnes à quelques idées. Ne serait-il pas temps à présent de sacrifier quelques idées à ces millions de personnes ? Y compris les idées qui portent des noms aussi nobles, aussi séduisants que la liberté, la justice, l'honneur, le génie national, des idées qui toutes vacillent dans le tourbillon du monde, s'enflant avec la victoire, se racornissant à chaque défaite, malléables et souples comme le caractère de leurs hérauts ? Les idées ne sont-elles donc pas toujours liées aux hommes, et ainsi vouées à l'inconstance ? Peuvent-elles donc trouver refuge dans la multiplicité, peuvent-elles donc réellement s'accomplir ailleurs comme dans leur inaccomplissement ? Peuvent-elles être contraintes par une puissance autre que l'intériorité de l'âme ? Jamais elles ne se sont réalisées sur les champs de bataille, les grandes idées : mais seulement sur le bûcher, sur la croix et sur le pal du martyre, seulement là où un individu a vécu jusqu'au bout de manière exemplaire. Jamais là où triomphait la masse, canons contre canons.

Mais je le sais bien : cette fois, c'est l'idée la plus séduisante de l'humanité qui est placée au bout du combat, l'*anéantissement de la violence*. La violence doit provoquer la fin de toute violence. Le sang, couler seulement pour que plus jamais le sang ne soit versé. Mais qui se porte garant de cette certitude ? Qui peut dire aujourd'hui avec certitude à un homme : « Meurs, ainsi tu sauveras la vie de tes petits-enfants. » Et qui peut s'abandonner à l'illusion de croire que la violence cesse jamais sur Terre ? Nulle puissance provenant de l'impulsion humaine jamais ne périt ; elle ne fait que se transformer. L'Amérique a perdu tout son sang dans la lutte pour l'abolition de l'esclavage : mais les fonderies de Pittsburgh, où le souffle du feu gigantesque des forges dévore presque des hommes à demi nus, les quartiers pauvres de New York ne me semblent guère différents de ces plantations dont on parlait au siècle dernier. De l'esclavage, la violence a lentement gagné le capitalisme et lorsque le capitalisme sera détruit elle se sauvera sous une autre forme : on ne détruit que les formes et non les états de fait, seules les lois se réalisent et non les idées. Les idées sont de beaux drapeaux qui flottent au vent, mais elles deviennent effrayantes dès lors que ce sont des charges de régiments qui les portent. Aucune idée n'est une vérité absolue, chaque individu, en revanche, est une vérité tout entière. C'est cela, et rien que cela, qu'il me semble important d'enfoncer dans la conscience de notre humanité troublée, afin de promouvoir une réévaluation du sentiment de l'humanité : la dévaluation des idées, la valorisation de l'individu. Et cela est d'autant plus important que la dévaluation de l'homme (comme celle de l'argent) a suivi une progression rapide : cinquante mille hommes – cela représente aujourd'hui une semaine de pertes « normales », cinq milliards (la somme gigantesque, sidérante, des indemnités versées pour une année de guerre), le coût de moins de jours encore. Et suivant la même proportion que celle avec laquelle l'individu perd de sa valeur, le prix de l'idée générale augmente, il a déjà atteint des hauteurs célestes, vertigineuses, absurdes. Et je pose la question : n'est-il pas temps que vous tous, qui avez la parole et donc un pouvoir, appeliez à revenir à soi, à dévaluer les idées et à refaire de la vie humaine un objet de respect ? À faire obstacle à la politique en elle-même et à ranimer le sentiment d'universalité ?

Le jusqu'au-boutisme et le défaitisme – ce ne sont que de nouveaux noms pour ce vieux dilemme de savoir ce qui a le plus de prix pour l'homme, de l'idée ou de la vie. Je crois que chaque être a un droit suprême sur sa vie : le droit de la préserver de sa conviction et le droit de la sacrifier à sa conviction. Les hommes qui abandonnent leur vie à leur idée, qui le font librement, volontairement, émergent rarement de leur époque ; être un martyr est une faculté importante, noble, une vocation et non un destin de masse. Transformer le martyre en un destin de masse, faire mourir des millions d'êtres pour son idée, au lieu de la laisser mourir – la responsabilité de cette erreur meurtrière incombe à tous ceux qui encouragent la poursuite du combat au nom de quelque idée leur semblant importante. Pour un quelconque idéal qu'ils ne servent qu'avec leurs vœux, avec leurs mots. Avoir des idéaux et des buts pour lesquels d'autres se battent, voilà qui me semble un luxe déplacé et pitoyable, un défaitisme qui considère la vie humaine comme la valeur suprême est à mes yeux une pensée plus juste qu'un idéalisme qui monnaye sa conviction avec du sang étranger. Car il n'y a qu'ainsi que se puisse expliquer le fait que tant de sang soit aujourd'hui dilapidé pour les idées, que les hérauts de l'idéalisme restent redevables d'un prix tandis que d'autres le paient. Il n'y a qu'ainsi que se puissent expliquer la hausse illicite, épouvantable, du prix des idées, le commerce à la chaîne des idéaux et la spéculation sur des vies humaines. Il n'y a qu'ainsi que se puissent expliquer cette banqueroute du sentiment devenu raison, l'arithmétique plutôt que l'humain, la politique plutôt que l'âme.

Et je crois de mon devoir de contredire un homme tel qu'Alfred H. Fried, récipiendaire du prix Nobel de la paix, un homme dont justement j'admire la pensée totalement pure et passionnée, lorsqu'il ne place pas nécessairement le méridien de la raison au-delà de tout champ de bataille. Selon moi, la victoire des idées n'existe pas – les idées ne vainquent pas, elles s'invitent chez les hommes et dans une époque, elles ne sont pas plus fortes lorsqu'elles se répandent (au contraire !), elles ne meurent pas de leurs échecs. Mais les hommes meurent, eux, et c'est pourquoi notre compassion doit désormais aller vers eux. Les idées n'ont pas besoin de nous, car elles ont leur vie éternelle. Les hommes ont besoin de nous, car ils n'ont que cette unique existence terrestre, tellement aimée et aujourd'hui tellement menacée, ceux d'entre eux qui tomberont encore incrimineront désormais notre silence. La justice, l'égalité, le droit à l'autodétermination des individus et des peuples, la fin de la violence, la concorde éternelle – toutes ces grandes idées, aucun de ces morts ne les apportera, par son sacrifice, à l'humanité, pas davantage que des centaines de milliers de morts. Seuls les vivants créent le monde.

Dévaluation des idées, réévaluation de ces existences individuelles que l'on dilapide aujourd'hui – peut-être le moment et le lieu sont-ils aujourd'hui les bons pour ce changement de valeurs ? Même la Suisse, ces derniers jours, a été légèrement touchée par le destin, la grippe espagnole a fait quelques victimes, mais si peu ! Trois cents personnes seulement. C'est à dessein que j'emploie cet effroyable adverbe, *seulement*, parce que je sais que cela sera douloureux pour tout être capable de sentiment. Je sais que cette dépréciation drastique de la valeur, le fait de parler de « seulement » trois cents morts, provoque son sentiment. Et provoquer cruellement ce sentiment, en en venant à considérer comme négligeable, comme risible, le fait qu'un État perde « seulement » trois cents citoyens créatifs, agissants et aimés de la vie, me paraît nécessaire pour justement mettre un terme à la possibilité que, pour quelques idées obscures et irréalisables, pour quelques morceaux de territoire, des centaines de milliers et des millions d'hommes soient encore sacrifiés. En ces jours où le danger gagne du terrain, chacun ici a pris conscience de la valeur que revêt pour lui son enfant, son frère, son ami, et – affranchi des calculs éternellement relatifs de ce temps pour lequel cinquante mille morts sont chose « normale » – chacun a senti combien chaque pauvre petite vie humaine anonyme est infiniment précieuse, irremplaçable aux yeux des autres pauvres petites vies humaines anonymes. Et peut-être cette prise de conscience ôtera-t-elle à certains – qui ici, chez nous, continuent impitoyablement à précipiter les armées l'une contre l'autre – un peu de la passion avec laquelle ils désirent la victoire d'un camp ou de l'autre, et encouragera-t-elle le sens de la concorde des nations, en contribuant activement à la dépolitisation du monde, à la réévaluation de chaque vie humaine, et ainsi à la dévaluation de toute idée guerrière.

Table des matières
et notes

1. Stefan Zweig, *Le Monde d'hier. Souvenirs d'un Européen*, trad. Serge Niémetz, Paris, Belfond, 1982 (rééd. 1993).

2. Jean-Pierre Lefebvre (dir.), Stefan Zweig, *Romans, nouvelles et récits,* Paris, Gallimard, « Bibliothèque de la Pléiade », 2013.

3. *Ibid.*

4. Voir notamment *Vienne fin de siècle*, Paris, Seuil, 1983 ; *Vienne 1900,* Paris, Julliard, 1984 ; *L'Esprit viennois*, Paris, PUF, 1985 ; *Vienne 1880-1938. L'apocalypse joyeuse*, Paris, Éditions du Centre Pompidou, 1992 ; *Vienne fin de siècle*, Paris, Hazan, 2005.

5. Hannah Arendt, « Les juifs dans le monde d'hier », in *La Tradition cachée*, Paris, Christian Bourgois, 1987 (rééd. 10/18, 1997).

6. Voir Gérard Rudent et Brigitte Vergne-Cain, préface à Stefan Zweig, *Romans et Nouvelles*, Paris, Le Livre de poche, 1991.

7. Isabelle Kalinowski, préface à Stefan Zweig, *Correspondance 1897-1919*, Paris, Grasset, 2000 (rééd. Le Livre de poche, 2005).

8. Le célèbre livre de Sigmund Freud, *Malaise dans la civilisation* (*Das Unbehagen in der Kultur*, 1930) a aussi été publié sous une traduction plus littérale (*Malaise dans la culture*).

9. *Retour en Autriche*, pages 27 à 33 de ce volume. Nous proposons une nouvelle traduction de ce texte publié dans *La Grande Guerre des écrivains. D'Apollinaire à Zweig*, textes choisis et présentés par Antoine Compagnon, Paris, Gallimard, coll. « Folio », 2014.

10. *Un mot de l'Allemagne,* pages 35 à 39 de ce volume. Nous proposons une nouvelle traduction de ce texte publié sous le titre «Paroles d'Allemagne» dans Stefan Zweig, *Essais*, Paris, La Pochothèque, 1996.

11. Serge Niémetz, *Stefan Zweig. Le voyageur et ses mondes*, Paris, Belfond, 1996.

12. Le 5 août. Voir Stefan Zweig, *Journaux. 1912-1940*, trad. Jacques Legrand, Paris, Belfond, 1986 (rééd. Le Livre de poche, 1995).

13. Initialement paru dans la *Neue Freie Presse* de Vienne le 18 août 1914. Nous offrons une nouvelle traduction de cet article déjà repris dans *Le Monde sans sommeil*, Paris, Payot et Rivages, 2013, voir pages 41 à 50 et dans Stefan Zweig, *Essais*, *op. cit.*

14. Voir pages 51 à 57. Nous proposons une nouvelle traduction de ce texte dans Stefan Zweig, *Essais*, *op. cit.*

15. Romain Rolland – Stefan Zweig, *Correspondance. 1910-1919*, Paris, Albin Michel, 2014.

16. *Ibid.*

17. Donald Prater, *Stefan Zweig*, Paris, La Table ronde, 1988. Voir aussi Dominique Bona, *Stefan Zweig*, Paris, Plon 1996 (rééd. Tempus, 2011).

18. Voir pages 59 à 78.

19. C'est l'histoire d'un officier qui se dévoue pour épouser une jeune infirme, mais la précipite dans la mort car elle s'aperçoit qu'il ne l'aime pas.

20. Isabelle Kalinowski, préface à Stefan Zweig, *Correspondance 1897-1919*, *op. cit.*

21. Voir *La Grande Guerre des écrivains*, *op. cit.*

22. Voir page 79 à 95 de ce volume. Nous proposons une nouvelle traduction de ce texte repris dans *La Grande Guerre des écrivains, op. cit.* et, sous le titre *Guérison galicienne*, dans *Jérémie*, Paris, Payot & Rivages, 2014.

23. Voir pages 97 à 103. Nous proposons une nouvelle traduction de ce texte repris dans *Jérémie*, *op. cit.*

24. Voir Stefan Zweig, *Essais*, préface et édition d'Isabelle Hausser, *op. cit.*

25. Isabelle Kalinowski, préface à Stefan Zweig, *Correspondance 1897-1919*, *op. cit.*

26. Voir pages 105 à 122 la recension du livre *Le Feu* du Français Henri Barbusse, paru dans la *Neue Freie Presse* le 8 juillet 1917.

27. Voir pages 123 à 133.

28. Voir pages 135 à 140.

29. Romain Rolland – Stefan Zweig, *Correspondance 1910-1919*, *op. cit.*

30. Voir pages 153 à 160. Citons également «L'opportunisme, ennemi mondial», pages précédentes du présent volume (147 à 151).

31. Du 27 juin 1918. Voir Romain Rolland – Stefan Zweig, *Correspondance. 1910-1919*, *op. cit.*

32. *Romain Rolland : der Mann und das Werk* (*Romain Rolland. L'homme et son œuvre*) qui paraît en allemand en 1920.

33. Initialement paru dans *Donauland*, Vienne, septembre 1918. Voir pages 141 à 146.

34. Stefan Zweig, *Correspondance 1932-1942*, Paris, Grasset, 2008 (rééd. Le Livre de poche, 2010).

35. Donald Prater, *Stefan Zweig*, *op. cit.*

36. Stefan Zweig, *Essais*, *op. cit.*

Initialement paru dans le quotidien viennois *Neue Freie Presse*, 1er août 1914.

Initialement paru dans la *Neue Freie Presse*, Vienne, 6 août 1914.

Initialement paru dans la *Neue Freie Presse*, Vienne, 18 août 1914, ce texte a également été repris en 1937 dans le recueil *Begegnungen mit Menschen, Büchern, Städten* (Rencontres avec des gens, des livres, des villes), publié chez Herbert Reichert Verlag (Vienne-Leipzig-Zurich).

Initialement paru dans la *Berliner Tageblatt*, 19 septembre 1914.

1. En 1912, Stefan Zweig avait découvert l'hôtel Beaujolais, situé 15, rue du Beaujolais, donnant sur les jardins du Palais-Royal, et dans lequel il ferait par la suite de nombreux séjours. Cet hôtel, qui n'existe plus aujourd'hui, se situait à gauche du restaurant Le Grand Véfour, non loin de la Bibliothèque nationale donc (N.d.T.).

2. À Malines, ville située dans la province d'Anvers, les églises Saint-Jean et Notre-Dame-au-delà-de-la-Dyle renferment toutes deux des retables de Peter Paul Rubens – *L'Adoration des Mages* et *La Pêche miraculeuse* – dont le second fut criblé d'éclats de shrapnel lors des violents bombardements allemands d'août et septembre 1914 (N.d.T.).

Pourquoi la Belgique, pourquoi pas la Pologne ? Une question aux pays neutres 59
Initialement paru dans la *Neue Freie Presse*, Vienne, 4 avril 1915.

1. Zweig fait allusion au livre *La 628-E8*, paru en 1907 chez Fasquelle (N.d.T.).
2. Comédie de Fernand Wicheler et Frantz Fonson, reprise au Théâtre de la Renaissance à Paris en juin 1910, trois mois à peine après sa création bruxelloise, qui connut un franc succès (N.d.T.).

Convalescence de la Galicie 79
Initialement paru dans la *Neue Freie Presse*, Vienne, 31 août 1915.

1. En 1911-1912, ce conflit, dit aussi guerre de Tripolitaine, se solda par l'annexion de la Libye par l'Italie (N.d.T.).
2. Actuelle Lviv, située en Ukraine. Cette ville fut le centre historique de la Galicie, province d'une superficie d'environ 78000 km², d'abord polonaise (du XIVe au XVIIIe siècle) puis, à partir de 1772 et du premier partage de la Pologne jusqu'en 1918, autrichienne. Elle est actuellement répartie entre la Pologne à l'ouest et l'Ukraine à l'est. En août et septembre 1914, la bataille de Lemberg marqua la victoire de l'Empire russe sur l'armée austro-hongroise. Les troupes allemandes et autrichiennes reprirent la forteresse de Lemberg en juin 1915 (N.d.T.).
3. Arnold von Winkelried est un héros légendaire de l'histoire de la Suisse qui, en se jetant sur les lances des piquiers habsbourgeois, aurait permis aux confédérés de remporter la bataille de Sempach (1386) (N.d.T.).

Les jours de l'offensive allemande en Galicie 97
Initialement paru dans *Kriegszeitung der 4. Armee*, Stuttgart, 1er octobre 1915.

1. La chute de la forteresse d'Ivangorod (actuelle Dęblin) et de Varsovie en août 1915 scella le destin de la bataille de Varsovie, également appelée « grande retraite », qui marque le point culminant de l'offensive austro-allemande en Galicie – et le point culminant des défaites russes sur le front de l'Est en 1915, se soldant par le retrait de l'armée russe de Pologne (N.d.T.).

Initialement paru dans la *Neue Freie Presse*, Vienne, 8 juillet 1917, ce texte a également été repris en 1937 dans le recueil *Begegnungen mit Menschen, Büchern, Städten* (Rencontres avec des gens, des livres, des villes), publié chez Herbert Reichert Verlag (Vienne-Leipzig-Zurich).

1. Même si Stefan Zweig en donne, lorsqu'il cite des extraits, une traduction à la fois très neutre et très libre, gommant toute la dimension argotique, on a pris le parti de revenir au texte original de Barbusse (N.d.T.).

Initialement paru dans la *Neue Freie Presse*, Vienne, 26 février 1918, ce texte a également été repris en 1937 dans le recueil *Begegnungen mit Menschen, Büchern, Städten* (Rencontres avec des gens, des livres, des villes), publié chez Herbert Reichert Verlag (Vienne-Leipzig-Zurich).

1. Allusion probable aux quatre sœurs grises de Bouddha (la pauvreté, la souffrance, la vieillesse, la mort) (N.d.T.).

Initialement paru dans *Friedens-Warte. Blätter für zwischenstaatliche Organisation*, Berlin-Leipzig, juillet-août 1918.

Initialement paru dans *Donauland*, Vienne, 2e année, n° 7, septembre 1918.

1. Initialement paru le 23 décembre 1917 dans la *Neue Freie Presse*, ce reportage a été édité en 1918.

La photocomposition de cet ouvrage
a été réalisée par
GRAPHIC HAINAUT
30, rue Pierre Mathieu
59410 Anzin

MIXTE
Papier issu de sources responsables
FSC® C003309

L'Éditeur de cet ouvrage s'engage
pour la préservation de son environnement
et utilise du papier issu de forêts gérées de manière responsable.

Cet ouvrage a été achevé d'imprimer en octobre 2018
dans les ateliers de Normandie Roto Impression s.a.s.
61250 Lonrai
N° d'imprimeur : 1804245

Imprimé en France